通用管理能力指定培训教材

资源与运营管理

(第四版·下册)

[英] John Harrison
　　 John Lambert 等著

天向互动教育中心 编译

国家开放大学出版社
清华大学出版社
北　京

资源与运营管理（第四版·下册）

Copyright © 2003 Worldwide Learning Limited and Higher Interactive Learning Limited. For sale in the People's Republic of China only. Without permission of the copyright holders, no one may duplicate or copy any of the contents of this publication. Higher Interactive Learning Limited has commissioned Central Radio and TV University Press to publish and distribute the book in Chinese in China.

版权所有 © 2003 环球教育公司和天向互动科技有限公司。仅限中华人民共和国境内出售。未经版权人许可，任何人不得以任何方式复制或抄袭本书的任何内容。本书简体中文版由天向互动科技有限公司授权中央广播电视大学出版社在中国境内出版发行。

北京市版权局著作权合同登记号　图字：01-2003-5914

版权所有，翻印必究。
本书封面右下角处贴有天向互动教育中心防伪标签，无标签者不得销售。

图书在版编目（CIP）数据

资源与运营管理. 下册 /（英）约翰·哈里森（John Harrison）等著；天向互动教育中心编译. --4 版. --北京：国家开放大学出版社，2021.1（2023.11 重印）
 ISBN 978-7-304-10626-3

Ⅰ.①资… Ⅱ.①约…②天… Ⅲ.①企业管理 Ⅳ.①F272

中国版本图书馆 CIP 数据核字（2020）第 257427 号

书　　名：	资源与运营管理（第四版·下册）ZIYUAN YU YUNYING GUANLI
著 译 者：	[英] John Harrison　John Lambert 等著　天向互动教育中心编译
出 版 者：	国家开放大学出版社（原中央广播电视大学出版社）　清华大学出版社
地　　址：	北京市海淀区西四环中路45号　北京清华大学学研大厦
邮　　编：	100039　100084
网　　址：	http://www.crtvup.com.cn　http://www.tup.com.cn
策划编辑：	赵文静
责任编辑：	王　屹
封面设计：	吴文越
责任校对：	吕昀谿
版式设计：	天向互动教育中心
责任印制：	武　鹏　马　严
印 刷 者：	河北鑫兆源印刷有限公司
发 行 者：	新华书店北京发行所
开　　本：	185 mm×230 mm　印张：14.25　字数：286千字
版　　次：	2021年1月第4版　印次：2023年11月第7次印刷
印　　数：	76001～88000
书　　号：	ISBN 978-7-304-10626-3
定　　价：	32.00元

意见及建议：OUCP_KFJY@ouchn.edu.cn

教材编审委员会

主 任 委 员

　　　　赵履宽　　陈　宇　　李林曙

副主任委员

　　　　刘　臣　　李家强　　杨孝堂　　金　丹

委　　员（以下排名不分先后，以姓氏笔画排列）

丁　岭	毛佳飞	甘仞初	艾大力	古小华
帅志清	叶志宏	朱　枫	任　岩	刘志敏
安鸿章	孙永波	孙庆武	孙美春	杨军毅
何赵萍	张守生	陈　敏	陈　鲲	赵菊强
徐　晨	徐　斌	徐学军	徐培忠	常玉轩
舒华英	甄源泰	蔡鸿程		

编审译人员（以下排名不分先后，以姓氏笔画排列）

于慧鑫	王　娟	亓凌燕	史晓贞	毕普云
吕　慧	孙　勇	李　亚	李孟芒	张　昕
周　畅	倪志春			

序　谈谈通用管理能力

培训创造机会、能力改变命运。能力培养和训练的重要性，现在无论怎么强调也不过分，而且已经成了吾国、吾土、吾官、吾民之共识。

今天更重要的问题反倒是：我们需要培训什么？学习什么？增长什么样的才干？获得什么样的能力？如果选准方向，则事半功倍，反之则有可能事倍而功半。

作为对这个问题的回答，1998 年，中华人民共和国劳动和社会保障部（2008 年与中华人民共和国人事部整合为中华人民共和国人力资源和社会保障部）部级课题"国家技能振兴战略"①首次把人的能力分成了三个层次：职业特定能力、行业通用能力和核心能力。

如图所示，在每一个具体的职业、工种和岗位上，都会存在一定数量的特定能力。从总量上看，它们是最多的，但是从适用范围看，它们又是最狭窄的。对每一个领域或行业来说，都存在着一定数量的通用能力。从数量看，它们显然比特定能力少得多，但是它们的适用范围涵盖整个行业领域。而就更大范围而言，还存在着少量从事任何职业或行业工作都需要的、具有普遍适用性的技能，这就是核心能力。

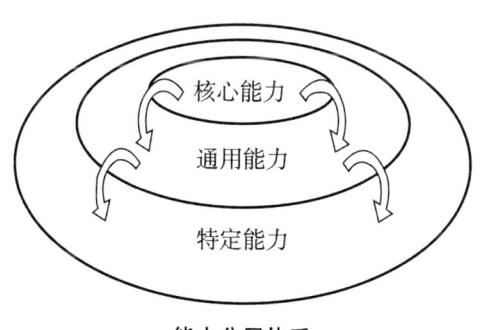

能力分层体系

长期以来，我国职业教育培训活动和职业资格认证制度把自己的工作重心集中于职业

---

① 中华人民共和国原劳动和社会保障部部级课题"国家技能振兴战略"于 1998 年 9 月 28 日通过部级评审鉴定。该课题主报告未正式出版，其主要内容可见（陈宇．走向世界技能强国．北京：中国长城出版社，2001．）中的同名文章。

特定能力，为数以百计的职业（或工种）制定了国家标准，在近千个职业（或工种）领域开展了职业技能鉴定工作①。这些工作对于推进我国职业教育培训和职业资格认证制度建设有重大影响和意义。但是，在过去的一段时间里，整个社会对通用能力与核心能力有所忽视。

实际上，通用能力与核心能力的应用范围，要远宽于职业特定能力，它们是相同或相近职业群中体现出来的、具有共性的技能和知识要求。因此，它们往往是人们职业生涯中更重要的、最基本的技能，也具有更普遍的适用性和更广泛的迁移性。开发和培育劳动者（或后备劳动者）的通用能力与核心能力，能为他们提供更广泛的终身从业和终身发展的能力基础，其影响和意义极其深远。

近年来，我国在通用能力和核心能力的研究和开发方面取得了可喜的成果。通用管理能力的推出，是我国在核心能力研究和开发取得重要成果后，在分层次能力研究和开发方面取得的又一个重要突破。

管理领域的特征和共性鲜明，人们对管理人才和管理能力的社会需求又特别强烈。因此，选择管理领域作为开发通用能力的实验场所是非常适当的。

管理领域已经有了很多的职业特定能力的标准、考试和证书，如营销师、会计师、统计师、物业管理师、人力资源管理师、企业信息管理师等②。然而，在管理领域有没有超越这些具体的特定知识和技能的通用性知识和技能呢？有没有一切管理者都应当共同具备的能力和才干呢？答案显然是肯定的。2002年，中华人民共和国就业培训技术指导中心、劳动和社会保障部职业技能鉴定中心组织各界专家力量③，参照国外先进标准④，制定了我国第一个通用管理能力标准，把通用管理能力归纳成四种主要功能模块（自我发展管理，团队建设管理，资源使用管理，运营绩效管理）和两个层次（基础级和综合级）。现在，用于通用管理能力培训和认证的第一批教材和课程已经开发成功，正式面世。关于通用管理能力的评估、考核和测试的工作也在积极准备中。这是一个开创性的尝试，是非常有意义的理论和实践创新。

---

① 2020年，国家发布的职业资格已发生变化。
② 2020年，人力资源和社会保障部统一鉴定的项目已发生变化。
③ 许多专家和专业组织为这项工作的开展做出了努力，特别是北京天向互动教育中心作为通用管理能力开发的主要技术支持单位做出了重要贡献。
④ 我国通用管理能力的开发，借鉴了国外先进理念、技术和方法，特别是新闻集团TSL教育公司为本项目提供了重要资源帮助。

众所周知，通用管理能力的概念，在全球范围内提出的时间并不长，尽管各国都在进行相关研究，但是，在通用管理能力的内涵、范围、种类和影响等一系列基础性问题上，现在还没有完全统一的意见。况且管理本身既是严谨的科学，又是迷人的艺术：作为科学，它有自身的规范；作为艺术，它又无常法可循。无疑，我们今天提出的标准、编撰的教材、开发的课程都需要经受检验，都将不断改进、不断发展。实践是检验真理的唯一标准。中国的通用管理能力的培训认证只能走和中国管理实践活动紧密结合的道路；它们的成功与否也将唯一地取决于中国的管理实践。

坚冰已经消融，道路已经开通，中国的通用管理能力开发迈出了自己坚实的第一步。我们相信它将为我国管理人才的培养，企业效率的增长以及整个国民素质的提高做出自己独特的贡献。

陈　宇　教授

原中国就业培训技术指导中心主任

原劳动和社会保障部职业技能鉴定中心主任

前　　言

一、项目介绍

　　现代社会中，个人的综合能力和素质是一个人职业生涯发展的基石，决定其一生成就的高低。为了适应现代社会高效率、多元化特点，从业者的职业生涯发展需要从强调单纯的工作技能，即"一专"，转变为全面提升个人的综合能力素质，即"多能"。这个"多能"，必须能通用于不同职业，必须能适应现代社会从业者面对的多变的社会环境和频繁的工作变换。通用管理能力，作为一种超越于某个具体职业与行业（如市场营销、人力资源等）特定知识和技能的、在不同职业群体中体现出来的，具有共性的管理技能和管理知识，由此应运而生，并日益受到社会的重视。具备通用管理能力的通用型人才，也日益为国内外企事业单位所青睐。

　　在职业活动中，具备通用管理能力的人才必须能够有效地设计达到目标的步骤，有效地规划自我活动和团队活动，有效地控制自我行为与调控团队行为，有效地组织和调动各类可控资源，有效地与团队一起成长并带领团队腾飞。无论你是普通职员，还是经验丰富的职业经理人；无论你埋头于具体事务，还是在政府或大型企业中使用和调动各种资源，都需要具备一定的管理知识和管理能力，掌握一定的管理技能和管理方法，并结合自身专业能力的不断提升，来实现个人的职业发展。

　　2002年，由中华人民共和国劳动和社会保障部（2008年与中华人民共和国人事部整合为中华人民共和国人力资源和社会保障部）职业技能鉴定中心组织、天向互动教育中心从具有全球影响力的新闻集团TSL教育公司引进并整合开发的通用管理能力课程体系，便是这样一个适应现代社会职业发展与人才培养需求的有效工具。

　　该课程体系融合西方最先进的管理理念，经过众多著名跨国公司的管理实践而得以改进与完善，为大量国外一流公司和大学所采用，是打造应用型职业经理人和增强职场竞争力的最有效工具。在保留原课程体系精粹的基础上，国内数十位管理学专家、学者与一线管理人员对原课程进行了精心的本土化改造。改造后的课程体系充分考虑了中国的管理实情与需求，是中国管理界迄今为止最为系统、最具实践指导意义的管理培训课程。同时，它采用了国际上先进的互动式、情景式、案例式和训练式的教学方法，真正实现了理念先进性和操作实用性的完美结合。

　　在此基础上，中华人民共和国劳动和社会保障部职业技能鉴定中心出台了国内第一个以管理水平为导向的从业者管理技能标准，正式将通用管理能力纳入管理培训认证体系。这套认证体系的推出，为我国各行业的广大从业者和准就业人群提供了一个全面学习基础管理知识和技能、提高职业素质和就业能力的机会，以使他们能够成为国家行业发展中所需要的具有通用管理能力的人才，有助于提升中国企事业单位管理层的管理能力与管理素质，培养并发展中国的高素质职业管理团队。

在本课程体系的编译过程中，中华人民共和国劳动和社会保障部职业技能鉴定中心、中央广播电视大学（已于2012年7月31日正式更名为"国家开放大学"）、中央广播电视大学出版社（已更名为国家开放大学出版社）、清华大学出版社、天向互动教育中心和通用管理能力教材编审委员会的人员付出了大量的心血，许多国内外管理教育学者、专家给予了悉心指导和热情帮助，限于篇幅，不能一一列出。在此，我们谨对所有关心和支持通用管理能力课程体系的各界人士表示由衷的感谢！

二、内容结构

《资源与运营管理》（第四版）（上、下册）是根据《通用管理能力教学大纲》的要求编制而成，上册由清华大学出版社出版，下册由国家开放大学出版社出版。本套教材内容充实，在正文阐述的基础上，按照知识点逻辑，配有案例、训练、测评等内容，可读性强，兼有知识性和实用性。行文逻辑与单元思维导图相对应，通过学习目标、学习指南、关键术语与本章小结、思考与练习等要素前后呼应，有头有尾，形成完整的知识结构链，为学习与应用提供明确的导引。

在第三版教材的基础上，第四版教材做了如下改进：第一，梳理了单元考核知识点，形成了思维导图；第二，加入了"延伸与拓展"元素；第三，更新了案例；第四，加入了二维码，扫码可观看单元简介、视频课程及答案要点。

本书是《资源与运营管理》（第四版）的下册，由客户与质量、项目管理、决策管理、变革与创新管理四个学习单元组成。

质量是组织生存的根本，因而质量管理也是管理者所必备的管理技能之一。运营管理的核心是质量。为了满足客户不断变化的需求，组织必须不断地改进和提高产品和服务的质量。所以"第V单元　客户与质量"主要包括两部分内容：第一部分内容是满足客户的需求，第二部分内容是质量改进。

项目管理是一个管理者在运营管理过程中为了达到目标所使用的手段和工具。"第VI单元　项目管理"讨论的就是如何通过项目管理来提高运营绩效，更好地完成工作任务和计划。项目管理的内容包括项目的启动、项目的可行性分析、项目计划的制订、项目的监控与收尾等项目管理必备的知识。通过学习和掌握这些知识，管理者能够有效提高项目管理的能力，从而提高组织的运营效率。

企业顺利发展的关键和前提是管理者的科学决策头脑和正确的决策过程。在组织运营过程中，决策正确与否直接影响着一个组织的发展，决策的重要性是如何强调都不为过的。"第 VII 单元　决策管理"主要讨论了企业中的问题是如何出现的、如何正确解决问题以及如何做出决策三方面的内容。学习这一单元将有助于管理者掌握科学决策的关键，提升自己的管理能力。

变革与创新是企业长期发展的动力，所有的管理者都应该具备变革与创新的素质。如何对变革做出正确反应，如何制订组织变革的计划，并领导组织变革的进行是优秀的管理者所必须具备的能力。"第 VIII 单元　变革与创新管理"讲述了变革与创新的过程。通过这一单元的学习，管理者将能够更好地应对环境提出的变革要求，为组织长期的发展奠定坚实的基础。

三、资源特点

本课程的教学资源包括：文字教材、视频课程、期末复习指导及形成性考核和远程在线学习资源。各个教学资源相辅相成，由知识点串联，逻辑清晰，针对性强。

文字教材是本课程的主要教学媒体，学习的主要内容来源于文字教材。文字教材内容充实，既有一般阐述，又有案例引导，还有训练与练习，可读性强，兼有知识性和实用性。文字教材中引用的一些案例对学习者学习和理解课程内容有很大的帮助。文字教材使学生能够系统地掌握实用的管理知识和技能，并有机会在实践中加以练习与运用，将知识、技能、能力科学地衔接起来。

视频课程是本课程多媒体教学资源的重要组成部分。视频课程和文字教材既相互联系又互为补充。专题的内容基于文字教材，但又突破了文字教材的局限，有助于学习者开拓思路。

本课程还设计了期末复习指导及形成性考核用于指导学习者自主学习。其内容包括学习方法、学习步骤、练习题、模拟题和实践与实训的样题分析，以帮助学习者尽快了解本课程的主要内容，有的放矢地进行学习，从而获得最佳的学习效果。

此外，本课程在"国开学习网"上设置了视频专区，学习者可以在互联网上直接观看一些教学录像。同时，本课程还设置了网上讨论区，不管是教师还是学习者都可以在讨论区发言、讨论，进行学习交流。

四、学习导航

本课程体系的最大特色是提供了大量的应用指导和练习,这些内容有助于学习者将管理的概念和知识应用于实践。

课程中的训练活动多种多样、形式各异。有些训练活动以日常工作为基础,需要学习者将理论应用到实际工作中去;还有一些训练活动要求学习者将管理概念应用到案例研究中去;另外一些训练活动则要求学习者对新概念加以思考,检查自己对新概念的理解是否正确,或者对这些新概念应用于具体环境时的可行性加以评估。这些活动还将为学习者提供在"安全环境"(培训模拟环境)中应用各种管理技术的宝贵机会。

考虑到本课程体系自身的特点,为了让学习者快速地掌握整套书的结构和内容,我们专门设置了学习导航,指导学习者阅读和学习。

前　　言:概括了本书的篇章结构、内容顺序及相互之间的联系,帮助学习者掌握全书的知识脉络。

单元简介:概括每一个单元的主要内容,明确本单元讨论的主题。

思维导图:按照单元—章—节—考核知识点的结构,展示了清晰的行文逻辑。

学习目标:列在每一章的最前面,指明该章节中的知识和需要掌握的程度。

学习指南:指导学习者了解每一章的主要内容。

关键术语:提示每一章的关键点,帮助学习者把握学习重点。

正　　文:按照学习目标,展开的关于理论、方法、技巧等知识的详细论述。

步骤与方法:针对重要的知识点,给出在日常管理活动中常用的工具、方法和技术手段。

训练与练习:紧密结合上下文的知识点,通过思考及训练,解决实际问题,帮助学习者进一步理解并掌握书中的内容。

案例与讨论:给出与正文内容相关的案例,引导学习者进行讨论,然后解决案例中的实际问题,并给出指导和总结。

评测与评估:针对知识点进行测评,一般以选择题方式进行。这种评测可以帮助学习者在学习中对自己的能力做出评估。

延伸与拓展:为了使学习者更深层次地了解相关知识技能,加入经典理论和学科前沿知识介绍。

本章小结:对每个章节的内容进行回顾,强调知识点中的重点和难点。

思考与练习:学完每一章节的内容后,学习者可以验证自己对知识点的理解程度,找出没有理解的知识要点,以便更好地掌握所学知识。

实践与实训：综合单元内容，将学过的管理工具及解决方法模拟应用于工作或生活中。

单元测试：按单元进行自我测试，可以帮助学习者对学习效果做出一个初步的判断，以便进行下一步的学习。

学习网站：http：//www.ouchn.cn。

通用管理能力教材编审委员会
2020 年 10 月

目　　录

第 V 单元　客户与质量 ……………………………………………………（1）

第 16 章　质量与质量管理 …………………………………………………（3）
16.1　质量概述 …………………………………………………………（3）
16.2　质量管理概述 ……………………………………………………（6）

第 17 章　质量导向——客户需求 …………………………………………（13）
17.1　识别谁是客户 ……………………………………………………（13）
17.2　评估客户需求 ……………………………………………………（20）
17.3　满足客户需求 ……………………………………………………（23）
17.4　客户关系 …………………………………………………………（25）

第 18 章　质量与运营 ………………………………………………………（28）
18.1　过程方法 …………………………………………………………（28）
18.2　如何实现优质 ……………………………………………………（33）
18.3　质量与其他 ………………………………………………………（36）

第 19 章　质量改进策略 ……………………………………………………（40）
19.1　质量改进概述 ……………………………………………………（40）
19.2　质量改进的工具 …………………………………………………（45）

实践与实训 ………………………………………………………………（52）

单元测试 …………………………………………………………………（53）

第 VI 单元　项目管理 ………………………………………………………（57）

第 20 章　项目的启动 ………………………………………………………（59）
20.1　项目概述 …………………………………………………………（59）
20.2　项目的目的和目标 ………………………………………………（64）

20.3　项目的范围 …………………………………………………… (67)
第 21 章　项目的可行性分析 ……………………………………………… (73)
　　21.1　项目约束 …………………………………………………… (73)
　　21.2　成本—效益分析 …………………………………………… (77)
　　21.3　风险评估 …………………………………………………… (79)
　　21.4　项目规范 …………………………………………………… (81)
第 22 章　项目计划的制订 ………………………………………………… (85)
　　22.1　项目任务分解 ……………………………………………… (85)
　　22.2　工作任务书 ………………………………………………… (88)
　　22.3　项目资源分配 ……………………………………………… (89)
　　22.4　项目时间表 ………………………………………………… (90)
第 23 章　项目的监控与收尾 ……………………………………………… (96)
　　23.1　项目的监控 ………………………………………………… (96)
　　23.2　项目的收尾 ………………………………………………… (101)
　实践与实训 ………………………………………………………………… (105)
　单元测试 …………………………………………………………………… (106)

第Ⅶ单元　决策管理 ……………………………………………………… (109)

第 24 章　问题与决策 ……………………………………………………… (111)
　　24.1　管理者面临的问题 ………………………………………… (111)
　　24.2　问题的类型 ………………………………………………… (114)
　　24.3　决策的类型 ………………………………………………… (116)
第 25 章　决策的步骤 ……………………………………………………… (118)
　　25.1　第一步：查明问题 ………………………………………… (118)
　　25.2　第二步：寻求解决方案 …………………………………… (121)
　　25.3　第三步：做出决策 ………………………………………… (127)
　　25.4　第四步：执行和评估 ……………………………………… (132)
第 26 章　决策方法及技巧 ………………………………………………… (136)
　　26.1　制定决策的技巧 …………………………………………… (136)
　　26.2　如何进行创造性决策 ……………………………………… (138)

26.3　新的决策方法……………………………………………………（140）
　实践与实训…………………………………………………………………（147）
　单元测试……………………………………………………………………（149）

第Ⅷ单元　变革与创新管理……………………………………………（153）

　第27章　变革和变革原因………………………………………………（155）
　　27.1　变革的概念……………………………………………………（155）
　　27.2　变革的类型……………………………………………………（157）
　　27.3　变革的原因……………………………………………………（161）
　第28章　对变革的反应…………………………………………………（166）
　　28.1　变革参与人对变革的反应……………………………………（166）
　　28.2　变革关系人对变革的反应……………………………………（169）
　　28.3　应对变革的技巧………………………………………………（171）
　　28.4　减小变革的阻力………………………………………………（173）
　第29章　变革的过程……………………………………………………（180）
　　29.1　变革的六个环节………………………………………………（180）
　　29.2　确定变革目标…………………………………………………（181）
　　29.3　分析影响变革的力量…………………………………………（183）
　　29.4　赢得他人的支持与参与………………………………………（185）
　　29.5　划分变革的三个阶段…………………………………………（187）
　　29.6　实施、监控和核查……………………………………………（190）
　　29.7　防范陷阱………………………………………………………（192）
　第30章　创新管理………………………………………………………（196）
　　30.1　创新概述………………………………………………………（196）
　　30.2　创新模式与如何进行创新管理………………………………（199）
　　30.3　创新管理的综合方法…………………………………………（202）
　　30.4　创新管理的审核………………………………………………（205）
　实践与实训…………………………………………………………………（208）
　单元测试……………………………………………………………………（209）

第 V 单元　客户与质量

　　你可能听过这样的说法，"如果一件东西没坏就不必修理"，但是，你是否想过它为何"还没有坏"，会不会是因为你检查得不够仔细？许多企业平时按部就班，看起来一切正常，哪儿都没有问题，但是往往突然一下子失去市场份额，企业发展开始走下坡路。原因就在于，别的企业一直在不断进步，不断追求产品和服务质量的改进，这些企业却原地踏步，没有注意到客户的需求已经发生了改变。

　　企业要想发展，就不应该原地踏步，而应不断进取，不断倾听客户的意见。这也是质量管理的关键所在。本单元讨论如何发现问题和改进客户服务，如何动员团队参与，如何控制产品和服务质量，如何改进质量管理系统（健康、安全、环境和信息管理），如何运用简单的技术进行改进以及如何解决问题。在本单元结束时，你将获得大量改进质量的实用思路，并学会如何改进质量，从而促进企业发展。

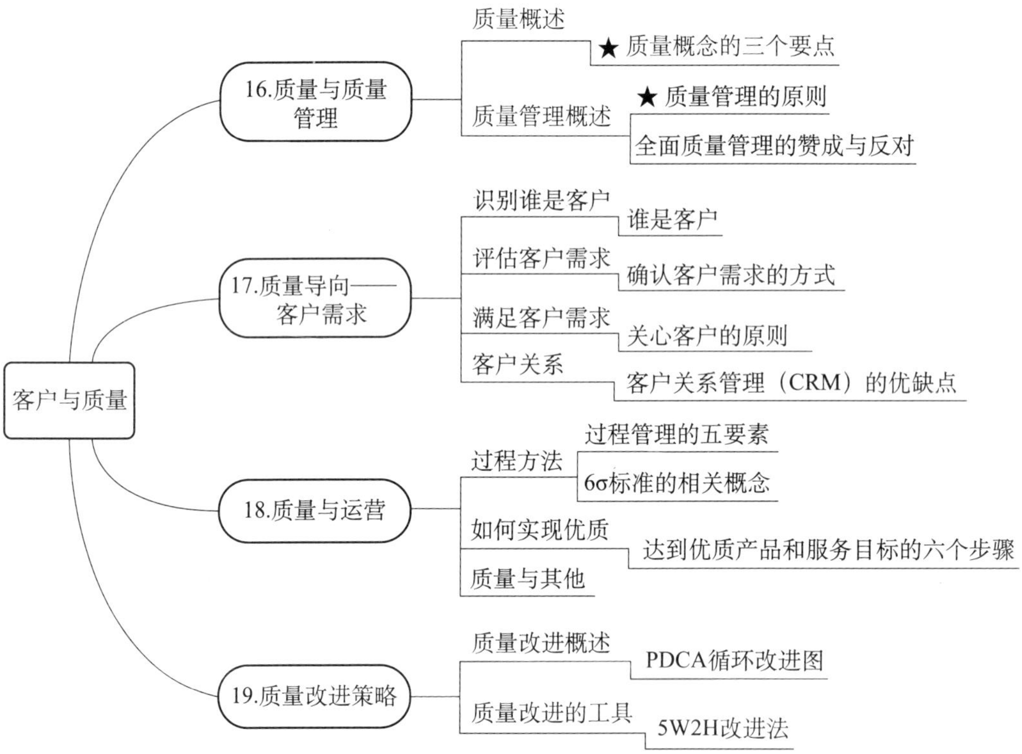

思维导图

- 客户与质量
  - 16. 质量与质量管理
    - 质量概述
      - ★ 质量概念的三个要点
    - 质量管理概述
      - ★ 质量管理的原则
      - 全面质量管理的赞成与反对
  - 17. 质量导向——客户需求
    - 识别谁是客户
      - 谁是客户
    - 评估客户需求
      - 确认客户需求的方式
    - 满足客户需求
      - 关心客户的原则
    - 客户关系
      - 客户关系管理（CRM）的优缺点
  - 18. 质量与运营
    - 过程方法
      - 过程管理的五要素
      - 6σ标准的相关概念
    - 如何实现优质
      - 达到优质产品和服务目标的六个步骤
    - 质量与其他
  - 19. 质量改进策略
    - 质量改进概述
      - PDCA循环改进图
    - 质量改进的工具
      - 5W2H改进法

★代表该部分是案例重点考核内容

扫描二维码，学习本单元概况

第 16 章　质量与质量管理

学习目标
1. 了解质量的概念及其重要性；
2. 了解精益生产方式；
3. 掌握质量的三个要点；
4. 重点掌握质量管理的原则；
5. 重点掌握全面质量管理。

学习指南

在本章中，首先，我们将介绍质量的概念，揭示质量的三个要点，讨论为什么质量那么重要，为什么我们应该为质量操心费力；然后，着重阐述企业管理者应该如何运用质量管理七项原则对企业进行质量管理；最后，引入全面质量管理与精益生产方式这两个重要的概念。

关键术语

质量　质量管理　ISO 9000　质量管理原则　全面质量管理　精益生产方式

16.1　质量概述

16.1.1　质量的概念

在日常生活中，人们经常使用质量这个词。比如"我非常担心刚买的那台电视机的质量""这个小区的环境质量还不错""他们部门的工作质量很好""大多数员工的生活质量明显提高"，等等，都涉及质量一词。当讨论对质量的要求时，我们常常只考虑成品的质量如何，而很少分析怎样在生产过程中提高产品的质量。

人们到商店购物时，总是希望得到优质的产品和服务，这里的"优质"多半是一种美学或道德的评价，带有一定的主观色彩。优质通常指"优秀、出色、卓越"，即比其余的更好，是一种较高的标准。请看下面关于质量的概念。

质量是：
- 一件产品或一项服务为了满足客户需求所应当具备的所有特性和特征的总和；
- 一件产品或一项服务达到客户要求的内在（现存）特性；
- 一件产品或一项服务符合用户的期望。

这个概念实际上强调了以下两个方面：
- 产品或服务应当具备的特性；
- 这些特性能否满足客户的要求。

因此，质量就是"为了满足客户和其他相关方的要求，产品或过程所应当具备的一组固有特性"。

16.1.2 质量的三个要点

无论怎么定义质量，总会有人认为不够准确或不够全面，总能找出该定义的缺陷。例如，英国经济学家史莱克（Slack）等人认为质量具有"符合用户期望的可靠性"。按照这种定义，如果用户期望很低的话，是不是就可以说"只要满足用户的期望值，就算达到质量要求"呢？很显然，这种判断是错误的。

尽管不太容易给出一个完美无缺的质量定义，我们仍然可以概括出质量的三个要点：
- 品质优良的标准；
- 产品特性；
- 客户需求。

利用下面的训练与练习分析一下自己所在企业中有关质量的问题。

训练与练习 质量的三个要点

问题：

根据上述质量的三个要点，提供若干例子，说明你所在企业中运用质量策略的情况，并填写表16-1。例如，企业有哪些政策和文件提到过"标准"或"质量优劣"？企业如何检测产品和服务的实际状况？哪些政策、创意或者职能是用来强调客户需求的？

表16-1　质量的三个要点

质量的要点	在企业的应用情况
品质优良的标准	
产品特性	
客户需求	

第Ⅴ单元　客户与质量

总结：

企业的很多资料里都会讲到质量。例如，在企业的职责描述或工作目标内会提到有关内容。与此相类似，还有一些检查产品和服务状况的任务指标或者一些统计工具，比如控制图表之类的，也会有关于质量的内容。对于企业生产的每一种产品，如果有与之对应的技术标准，那么，这些技术标准就是对质量所做出的要求。

16.1.3 质量的重要性

1. 具备良好质量的益处

可以说，一个企业的质量策略就是"按照标准开发产品以满足客户需求"。这句话本身就指出了质量的重要性。

质量有助于明确企业的职责。对于一家医疗机构来说，如果他们的使命是"提供给病人最好的服务"，那么服务的目标就应该达到最高的标准。对于病人来说，这就意味着医院的服务必须是优质的，具备可靠的安全保障，还要有相关组织的监督。而对于医院的管理者来说，他们必须知道他们的病人应当享有一系列优质的医疗服务保障。对保险业来说，其所提供的健康保险产品应该是可靠的，符合国家标准的，经得起监督、评价和审查的。在保险业者、雇主和病人三者都能承受的消费水平下，病人的健康状况就会改善，生活质量就会提高。

良好的质量对企业而言存在很大的益处。

步骤与方法　具备良好质量的益处

○ 帮助企业明确其职责；
○ 帮助产品的拥有者或服务对象明确他们的期望值是基于高标准的；
○ 质量意味着检测，也就是说通过一定的途径，让客户能够了解到产品和服务是否满足了自己的期望；
○ 质量意味着"合理的费用支出"，即让客户明白他们的花费是值得的；
○ 质量意味着改善，也就是"状况已经得到改善"。

除了上述说法外，具备良好质量的益处还包括在质量改善的同时提高了客户的最低标准，因为企业提供给客户的产品和服务使他们认为这些是他们所需要的、有价值的。除了改善产品和服务状况外，质量的改进还可以改善健康、安全以及环境状况。企业对员工的培训和开发，使他们能够相互合作和共同担负责任，同时能营造更好的工作氛围，从而提高产品的质量，得到客户的信赖，提高公司在市场上的声誉。

2. 持续改进质量

拥有良好的质量是需要付出长期努力的。如果质量改进方面执行不好，那么即便是质量最终得到了保障，这种质量提升所带来的益处也不明显。"持续改进"这个词经常与质量形影相随，如果企业不能持续提高产品和服务的质量，就会被别人超越，最终可能导致失去客户（市场），所以质量改进工作必须坚持不懈、持续不断地进行。

正像人们所说的那样：如果觉得满足客户需求花费太大，那么完全不顾客户需求，所付出的代价会更大。如果觉得培训和开发花费太大，那么完全不进行培训和开发，所付出的代价也会更大。

16.2 质量管理概述

通过前面的介绍，我们对质量已经有了基本的认识，也明白了质量的重要性，可以说，质量是每个企业生存的灵魂。因此，质量管理的重要性也就不言而喻了。

16.2.1 质量管理标准及原则

1. ISO 9000

质量的竞争是全球性的。不同国家在实际操作上的不同，使得完全满足"世界标准"是非常困难的。常驻在日内瓦的国际标准化组织（International Organization for Standardization，ISO）负责协调全世界的质量标准。

ISO 9000 是由 ISO 认可并于 1987 年采纳的标准系列，现在已经被 100 多个国家作为质量标准，并成为国际贸易的认证书。

ISO 9000 系列包含五个主要部分。如果根据一个生产企业的连续运作过程来展示该标准系统，它将涵盖从设计开发到采购、生产、装配和售后服务的全部领域。其中，ISO 9000 和 ISO 9004 只是建立行为指南，ISO 9001、ISO 9002 和 ISO 9003 才是明确的标准。如图 16-1 所示。

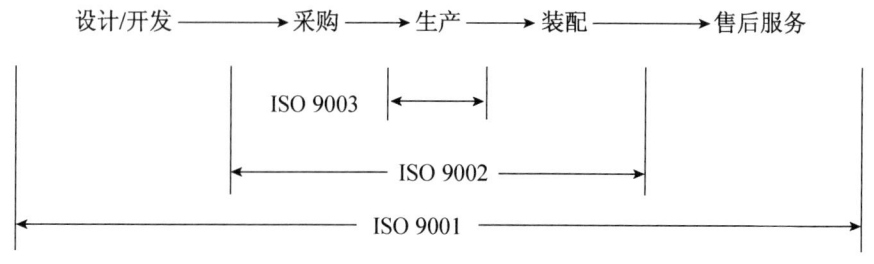

图 16-1 ISO 9000 系列体系以及它们的应用领域

2. 质量管理的原则

在 ISO 标准中有一套 ISO 9000:2015 系列,它是一个关于质量通用的管理标准,主要基于以下七项质量管理原则。

○ 第一项原则:以顾客为关注焦点。

质量管理的首要关注点是满足顾客要求并且努力超越顾客的期望。

○ 第二项原则:领导作用。

各级领导建立统一的宗旨及方向,并创造全员积极参与实现组织质量目标的条件。

○ 第三项原则:全员积极参与。

整个组织内各级人员的胜任、授权和参与,是提高组织创造价值和提供价值能力的必要条件。

○ 第四项原则:过程方法。

当活动被作为相互关联、功能连贯的过程进行系统管理时,可更加有效和高效地得到预期的结果。

○ 第五项原则:改进。

成功的组织总是致力于持续改进。

○ 第六项原则:循证决策。

基于数据和信息的分析和评价的决策,更有可能产生期望的结果。

○ 第七项原则:关系管理。

为了持续成功,组织需要管理与供方等相关方的关系。

知道了 ISO 的七项质量管理原则,在接下来的训练与练习中,我们将与大家探讨它的实际运用情况。

训练与练习　七项质量管理原则

问题:

考虑一下你所在企业执行 ISO 推荐的七项质量管理原则的情况,并填写表 16-2。评分范围:1~5 分,1 分最差,5 分最好。

表 16-2　质量管理原则的执行情况

ISO 推荐的七项质量管理原则	执行情况评分(1~5 分)
第一项原则——以顾客为关注焦点	
第二项原则——领导作用	
第三项原则——全员积极参与	
第四项原则——过程方法	
第五项原则——改进	

续表

ISO 推荐的七项质量管理原则	执行情况评分（1～5 分）
第六项原则——循证决策	
第七项原则——关系管理	

总结：

任何一项评分少于 5 分，就表示该项有改进的余地。当然，正如前面所提到的，这涉及整个组织的状况，不过，个人也可以发挥一定作用，因为既然是累计增加的改进过程，个人就可以在自己的工作范围内做出努力。

16.2.2 全面质量管理

全面质量管理（Total Quality Management，TQM）是指一个组织以质量为中心，以全员参与为基础，通过让顾客满意和本组织所有成员及社会受益而达到长期成功的管理途径。TQM 涉及整个组织范围内的质量管理活动，范围很广，包括质量管理的对象、范围、人员和方法等。

越来越多的企业认识到，在激烈的世界市场竞争条件下，TQM 是企业参与竞争的必要条件，更不用说要占领市场了。TQM 强调将质量作为企业运作的整体要素，它的关键概念和主题概括如下：

步骤与方法　TQM 的关键概念与主题

○ 满足内部客户和外部客户的需求和期望。

满足内部客户和外部客户的需求和期望是 TQM 的目的，这意味着要从客户的角度看待问题。请注意所有内部和外部的人都是"客户"。从内部的观点看，每个员工都是一项产品或服务的提供者，同时也是一项产品或服务的需求者。比如，在生产工序中，上道工序就可能成为下道工序的提供者。

○ 把所有的人都包括到组织内。

把所有的人都包括到组织内是指将质量管理活动延伸到更大的范围，比如延伸到供应渠道的各个环节，并使它们处于不断的改进过程中。组织可以通过业务内容的丰富、业务类型的扩大以及工作岗位的轮换等方法，调动员工的积极性和强化员工的参与程度。

○ 持续改进。

TQM 不是一次性的行动，必须持续改进，企业永远不能满足于已经取得的成果。

○ 团队工作。

动员员工参与是一个关键的主题。"员工是我们最大的财富"是实行 TQM 的企业经常使用的一个口号。

○ 高级管理层的参与。

高级管理层的参与对 TQM 至关重要，实施 TQM 不成功往往是由于这个环节没有做好。TQM 是一项全组织的活动，是具有长期目标的战略，时常会涉及企业文化的转变，必须由最高管理层统一领导和指挥，否则前景将会变得黯淡。局部的 TQM 毫无意义——要么全面推行，要么干脆不干。

○ 完善质量管理系统、标准、检测和工具。

基于标准、性能检测和计量工具的系统管理方法是 TQM 的核心。

步骤与方法　赞成和反对 TQM 的说法

当然，并不是所有人都认为 TQM 那么有效。表 16 – 3 列出了赞成和反对 TQM 的说法。

表 16 – 3　赞成和反对 TQM 的说法

赞成 TQM 的说法	反对 TQM 的说法
减少产品缺陷率和客户投诉	管理层无法做出必要的安排
动员员工改善生产状况	工具、手段、系统和标准过于复杂
员工对产品有自豪感和责任感	员工压力过大、授权过多
层层质量把关，遍及整个组织	所需时间太长，所需资源太多
质量意识贯穿供销渠道，能改善供销状况	不可能持续改进
持续改进，使员工保持高涨的情绪	要求员工多干活，可是不增加报酬
每个人都具有为客户服务的意识	并不适合所有的组织
开动脑筋，解决问题	要想实施，花费的时间过长
降低成本，提高利润	增加成本，损害财务状况

针对反对者的意见，赞成者认为，这些弊端并不是不能改变的，有很多解决办法，比如加强奖励制度以协调新增加的任务（从全局观点考虑），或者为管理层和员工留出一定的培训时间等。无论反对意见有多少，TQM 提出了很多的思路，如团队工作等，组织可以从中获得益处。

请你根据下面的案例与讨论完成之后的训练与练习，并思考：实施全面质量管理（TQM）会给组织带来怎样的变化？

案例与讨论　实施 TQM 的效果

某零食生产商为了提升产品质量，提高顾客满意度，依托其客服体系打造了"顾客心声"全面质量管理系统。

在顾客服务方面全面导入智能化服务平台系统、全媒体交互服务体系、自动化物流仓配及快递异常主动跟踪、"顾客心声"全流程追溯流程，让优质服务理念落地。

在"人"的方面，智能机器人客服接待了 46 万人次的咨询，相当于 2 600 名人工客服的工作量。

在"货"的方面，根据粉丝个性化需求的大数据分析，定制社交零食产品。五款高颜值定制零食共售出 80 000 笔。

在"场"的方面，推广线上下单、门店提货新体验。"双 11"智慧门店销售额增长 166.9%，新零售订单量增长 139.8%。

问题：
公司销量提升的原因是什么？

总结：
TQM 是一个涉及面广泛的管理系统，实施 TQM，能够解决企业出现的很多疑难问题。在多个方面同时进行质量管理，使产品、服务全方位得到优化，这种全面质量管理的方法促进了销量的提升。

训练与练习　改进质量的措施

问题：
对照 ISO 七项质量管理原则，参照你在 16.2.1 的训练与练习中所做出的评分，列出你所在部门为改进质量所采取的措施。

总结：
大多数人都会对此有正确的看法，并提出较好的意见，如表 16-4 所示。

表 16-4　改进质量所采取的措施（具体实例）

ISO 七项质量管理原则	在本部门如何改进质量
第一项原则——以顾客为关注焦点	检测内部/外部客户满意程度
第二项原则——领导作用	设置一些有挑战性的目标，授权给个人让他们设法达成目标
第三项原则——全员积极参与	开展解决问题的小组活动或举行会议
第四项原则——过程方法	检测关键操作活动之内的资源使用情况
第五项原则——改进	运用一些改进工具，诸如流程图、分布图或因果图

续表

ISO 七项质量管理原则	在本部门如何改进质量
第六项原则——循证决策	学会运用软件处理数据，如电子表格、数据库或者专门的软件包
第七项原则——关系管理	促成一项服务品质协议（Service Level Agreement，SLA）

16.2.3 精益生产方式

精益生产方式（Lean Production，LP）是对日本丰田的准时化生产方式（Just in Time，JIT）的赞誉称呼。精，即少而精，不投入多余的生产要素，只是在适当的时间产生必要数量的市场急需品；益，即所有经营活动都要具有经济效益。精益生产方式是当前工业界最佳的一种生产组织体系和方式，它把目标确定在尽善尽美上，通过不断地降低成本、提高质量、增强生产灵活性、实现无废品和零库存等手段，确保企业在市场竞争中的优势。同时，精益生产方式把责任下放到组织结构的各个层次，采用小组工作法，充分调动全体职工的积极性和聪明才智，把缺陷和浪费及时地消灭在每一个岗位。精益生产方式的主要特征表现为以下几个方面。

<u>步骤与方法</u>　精益生产方式的主要特征

- 品质——寻找、纠正和解决问题；
- 柔性——小批量、周期短；
- 投放市场时间——把开发时间减至最短；
- 产品多元化——缩短产品周期、减小规模效益影响；
- 效率——提高生产率、减少资源浪费；
- 适应性——标准尺寸、协调合作；
- 学习——不断改善。

本章小结

本章我们对质量有了深入了解，知道质量是一个企业的"生命线"。通过学习 ISO 9000 质量标准的基本原则，学会从多个角度评估产品及服务的质量。在对质量有全方位的认识后，运用全面质量管理（TQM）和精益生产方式（LP），可对影响质量的各个流程进行效益评估，并做出初步改进。

思考与练习

1. 质量的三个要点是什么?
2. 简述质量管理的原则。
3. 对于全面质量管理,不同的人有不同的评价,你是怎么认为的?

第 17 章　质量导向——客户需求

学习目标
1. 了解如何识别潜在客户；
2. 掌握如何评估客户的需求；
3. 掌握客户关系管理；
4. 掌握 4P+4C 客户关系营销模式；
5. 重点掌握如何满足客户的需求。

学习指南
对企业而言，客户资源就是最重要的战略资源。因此可以说，客户是质量管理的关键。本章将专门讨论客户：谁是客户，客户需要什么，如何满足客户的需要。

关键术语
客户　客户需求　客户关系管理　客户关系营销

17.1　识别谁是客户

客户的需求是一个组织得以存在的依据，所以我们首先需要知道谁是客户。

解答这个问题的最好办法，就是分析我们的业务范围和自己在组织内所干的工作。如果把组织视为一个转换过程（把输入变成输出），输出就是为客户提供产品和服务。但客户不是单纯针对外部的人来说的，即便是组织内，只要有人期待"服务"，不管他们是员工（接受你的业务评估鉴定）还是上级主管（接受你的市场报告），或者是同事（在团队会议上聆听你的报告），都可以被视为是组织的客户。外部客户也不仅仅只有"产品或服务的用户"这一种身份，他们还可能是股权持有者、本地居民、立法者和供销商（已经建立了业务联系，向他们提供服务，以便他们能更好地服务于自己，比如交换数据和信息）。

下面的训练与练习可以帮助你确认自己的内部客户和外部客户，以及应该向他们提供何种服务。

训练与练习　识别谁是客户

问题：

确认组织的内部客户和外部客户，并概括列出组织向他们提供的主要服务内容，填写表17-1。

表17-1　客户及服务内容

	客户	服务内容
内部客户		
外部客户		

总结：

一旦确定了组织的客户和组织对他们的主要服务内容，就可以开始评估他们的需求。

延伸与拓展　用户画像

用户画像的概念最早由交互设计之父艾伦·库珀（Alan Cooper）提出，其实质为用户信息标签化。用户画像的主要内容是给用户贴"标签"，即以大数据为根基，分析用户行为习惯、消费习惯等信息，在此基础上抽象出一个用户的信息全貌。例如，张女士，女，35岁，已婚并有一个孩子，月收入1万元以上，旅游达人，喜欢摄影和美食。

用户画像是虚构的角色，可以基于调研创建不同的用户画像代表不同类型的用户，他们以相似的方式使用你的服务、产品、网站或者消费你的品牌。创建用户画像能够帮助企业了解用户的需求、体验、行为和目的，根据用户行为数据构建数据模型，分析出用户画像标签，以帮助企业精细化定位人群，挖掘潜在用户。

——资料改编自：刘海，卢慧，阮金花，等. 基于"用户画像"挖掘的精准营销细分模型研究[J]. 丝绸，2015（12）：37.

17.1.1　视供应商为客户

供应商应当被视为客户，事实上，接受其供应的企业也同时是供应商的客户。与供应商建立良好关系是非常重要的，请看ISO是如何描述这个问题的。

第17章 质量导向——客户需求

步骤与方法 视供应商为客户的益处

- 提高双方创造价值的能力；
- 对于市场或客户在需求与期望上所发生的改变，能够灵活和快速地做出反应；
- 优化成本与资源；
- 可以平衡短期利益与长期利益的关系；
- 与供应商共享经验和资源；
- 确认和选择主要供应商；
- 明确、清晰、公开地进行沟通；
- 共享信息；
- 建立共同开发与改进的联合行动；
- 激发、鼓励供应商做出改进，并承认其成绩。

在质量管理活动中，供应商的作用越来越重要，因为他们是供应链中重要的一环。供应商的参与可以极大地缩短企业产品推向市场的时间，并减少交货费用，使整个供应链从一开始就与客户的需求联系在一起。

通过下面的训练与练习，你将了解如果企业的生产活动缺少供应商的参与将可能出现的情况。

训练与练习 缺少供应商参与的后果

问题：

（1）在工作领域中，如果缺少内部或外部供应商的参与，企业的生产活动会出现什么问题？

（2）你对改进这种状况有什么想法？

总结：

如果缺少与供应商之间的良好协调，可能会引起后勤供应问题。比如，客户对商品和服务有强烈的需求，可是供应商没有能力去满足。由此我们可以知道，为什么在许多企业，特别是大型的企业，总是通过高技术手段把供应商和自身联系起来，比如一些大型企业运用电子数据交换（Electronic Data Interchange，EDI）和销售终端系统（Point of Sale，POS）自动地更新库存，同时发出补充库存的新订货单。例如，马克斯·斯潘塞公司采用了一种名为辅助存货补充系统（Assisted Stock Replenishment，ASR）的自动库存调整系统，这种系统可以持续不断地补充储备。每当电子销售终端（Electronic Point of Sale，EPOS）确认了一笔销售业务的发生，需要补充储备项目的指令就自动产生。Tesco（英国最大的零售公司）运用了一套附加的网络，称为 Tesco 信息交换系统（Tesco Information Exchange，TIE），来完成同样的任务（另外还有其他一些功能）。

步骤与方法　改进客户与供应商之间的联系

一种改进客户与供应商之间的联系的方法就是服务品质协议 SLA（Service Level Agreement）。

SLA 规定了供应商提供的服务质量和客户期望的最低限度的服务质量。这种协议通常可以用于同一组织的不同部门之间，或者合伙人之间，或者不同组织之间。SLA 通常包含总体目标和易于检测的目标。SLA 也包括一些条款，涉及客户的责任、约束、付货的方法和监督方法。SLA 的思想在于建立企业与客户、企业与供应商之间的信任关系，避免因为不了解客户的期望和需求以及供应商的供应条件而使供应链中断。对此持不同意见的人则认为：他们试图通过形式化的客户与供应商的关系去建立超常的信任感，这恐怕很难奏效。

17.1.2　视员工为客户

无论作为个人还是团队，员工都可以被视为客户，因为他们都有一定的需求，只有让他们直接参与到质量管理活动中，他们才能做出更有效的贡献，才能从工作中得到更大的满足。

1. 领导参与质量管理活动

领导如果能保证自己更多地参与一些质量管理活动，就能提高自身的职业满足感，提升士气，加强和改进与员工的沟通，提高工作效率和质量。ISO 质量管理原则的第二项原则就是关于领导在质量管理中作用的内容。

○ 领导参与质量管理活动的主要益处在于以下几个方面：

（1）员工通过理解获得鼓励，为实现共同目标而努力；

（2）按照统一的标准评价、协调并实施各种活动；

（3）最大限度地减少各个层次之间不良的和错误的信息传递。

○ 实施领导参与原则的效果有以下几个方面：

（1）能将客户、员工、供应商、银行、当地社区以及社会上其他有利益关系的各方的需求作为整体加以考虑；

（2）构建组织清晰的前景；

（3）设立富有挑战性的目标；

（4）在组织的各个层次创造和维持价值共享、公平公正的理念，创建符合职业道德的模式；

(5) 建立信任感、消除恐惧感；
(6) 给员工提供他们所要求获得的资源、培训和自由，使他们对自己的行为负责；
(7) 激发员工的热情，认可员工的贡献。

2. 员工参与质量管理活动

员工参与质量管理活动，具有非常重要的意义。ISO 质量管理原则的第三项原则就是关于员工参与质量管理活动益处的内容。

○ 员工参与质量管理活动的主要益处在于以下几个方面：
(1) 激发、鼓励和动员员工；
(2) 员工在组织未来发展目标方面做出变革与创新；
(3) 员工为自身的工作承担责任；
(4) 员工迫切要求参与持续改进质量的过程，乐于做出贡献。

○ 实施员工参与原则的效果有以下几个方面：
(1) 员工理解他们工作的重要性和他们在组织内的作用；
(2) 员工明确自己活动的约束条件；
(3) 员工明白面对问题时应如何积极解决；
(4) 员工按照个人目标评价自己的工作；
(5) 员工积极地寻求机会增强自己的竞争力、增加自己的知识和经验；
(6) 员工公开地讨论问题。

3. 员工参与质量管理活动的方式与方法

一些有效的方式能够动员更多的员工参与质量管理活动，比如重新设计工作模式。很多企业正在努力采用新的团队工作模式，比如惠普（HP）和理查·布兰森（Richard Branson）这样的公司，都建立了自己的"创新小组"，而这些"创新小组"就采用了这种形式。班组和团队是由员工组成的，他们共同解决问题。按照这种方式，企业能从人力资源中获取最大价值，同时更容易吸引高水平的人才，又不让他们有很强的约束感。

动员员工参与的方法有两种：重新设计工作模式和质量例会。下面重点了解一下重新设计工作模式的步骤与方法。

步骤与方法　重新设计工作模式

(1) 重新设计工作模式就是将业务重组，使它更具趣味性和挑战性，更有利于员工的参与，同时必须保证具有更高的生产效率。重新设计工作模式主要有下列四种方式：

○ 工作丰富化——涉及工作的多样性。如果任务具有多样性，工作就会更有意义，这样就需要员工具有较高的独立解决问题的能力，同时还需要具备有效的反馈机制。例如，装配线上的操作者同时负责基本的维修操作和记录保存工作。

○ 工作扩大化——类似于工作丰富化，只是更强调任务的多样性，也就是说，扩大员工所做工作的范围。例如，公交汽车司机代售车票。

○ 岗位轮换——员工在不同的岗位上工作，最终可以承担整个工作过程中各个环节的工作。例如，作为一个旅馆的基层经理，必须花费一定的时间在餐饮、客房、前台、后台、办公室等岗位上工作。

○ 团队工作（班组自治）——在规定的任务范围内，团队可以自行做出主要决策。团队工作起源于20世纪50年代，到了60年代，其在汽车业和制造业已非常普及。例如，飞利浦公司（Philips）就是一家具有代表性的公司。北欧的汽车制造商沃尔沃公司（Volvo）在20世纪70年代和80年代采用了这种方法，最后由于发现这种方式的成本和费用过高而放弃。

当然，并不是所有人都同意重新设计工作模式，表17-2列出了赞成和反对重新设计工作模式的说法。

表17-2 赞成和反对重新设计工作模式的说法

赞成的说法	反对的说法
可以提高生产率	对个人要求过多，特别是团队工作的形式使员工的工作变得相当紧张
可以减少临时工的数量	如果奖励制度跟不上，员工不满意的程度将会升高而不是降低
可以降低废品开支	团队工作并不一定适合任何情况，如银行或行政机构就不能强调自治自理，而必须层层控制、层层监督
可以改善质量	

（2）能够动员员工参与的方法还有质量例会，即员工参与质量管理活动的定期聚会，每两周一次，讨论如何改进产品质量和工作质量。

质量例会是从日本兴起的，在日本的应用非常成功，但在西方国家就不怎么成功，或许这是文化差异造成的。在日本，有很大比例的员工参与质量例会的活动，企业在质量管理概念上进行广泛培训，管理层与员工之间充分信任，而西方国家几乎达不到这种程度。在日本，质量例会一开始就经受着新概念的压力，诸如质量改进团队、工作突击队（或"老虎"战斗队）。

我们可以通过下面的训练与练习对员工参与进行深入了解。

训练与练习　员工参与

问题：

完成下列关于员工参与方式及效果的表格（表17-3），评价它们对于你的工作领域或工作组织是否有效。按下列各项内容进行评价：

○ 对当前的工作方式（个人和团队）是否有所改进？

第17章 质量导向——客户需求

- 是否适于构建你们的组织文化？
- 对你和你的团队以及你的组织会有什么益处？
- 代价和费用如何？是否得不偿失？

如果你已经采用了其中的某些思想，请根据你的经验重新评价一下它们的益处。

表17-3 员工参与的方式及效果

员工参与的方式	对自己工作领域和工作组织的益处
工作丰富化	
工作扩大化	
岗位轮换	
团队工作（班组自治）	
质量例会	

总结：

只有员工参与并积极投身其中，质量问题才能得到真正的保证，因为所有的工作都离不开员工，他们是实施者。

4. 培训与开发

培训与开发是质量管理的一个重要方面。例如，某些TQM运用失败的原因就是培训与开发没有得到正确执行，不是广泛性不够就是深度不够；或没有专门集中，资源也不足；或者只是临时应付而没有做到长期坚持。

步骤与方法　培训与开发的内容

需要什么样的培训与开发取决于想要得到什么样的质量管理，在多大的范围内适用。表17-4列出了在全面质量管理过程中应该进行的培训与开发内容。

表17-4 培训与开发的内容

1. 解决问题的技能	2. 班组自治和团队领导的技能
3. 进行质量改进和控制所用的工具和技术	4. 理解成本与废料的关系
5. 过程控制	6. 维修
7. 质量体系和标准的培训（执行ISO 9000）	8. TQM概念和原理的培训
9. 关心客户的培训	10. 信息沟通和技能
11. 企业文化培训	12. 健康、安全和环境意识的培训
13. 持续改进的培训	14. 重新设计工作模式后所需新技能的培训

培训必须与相应的工作配合，以便有机会实践和练习所学的内容。在组织中从上到下贯彻执行全面质量管理（TQM），就必须通过进一步的培训以加强认识，因为有些概念和

技能需要花费相当多的时间才能掌握。

下面的训练与练习将帮助你深入认识培训与开发的问题。

训练与练习　培训与开发

问题：

考虑上面列出的各项有关改进质量的培训与开发的内容，列出 3 条你可以采取的措施，以改进你所在的团队或组织中的质量工作。

(1) _____

(2) _____

(3) _____

总结：

组织需要投入更多的精力和时间进行额外的健康与安全培训，这也是法律要求的。另外，组织还需要加强关心客户的培训，这无论对哪一类客户来说都是有好处的。此外，任何部门和机关都需要进行信息沟通技能的培训。那么，解决问题的技能呢？只要实施得当，对任何组织来说，这都是既有用又有意义的工作。

17.2　评估客户需求

要为客户提供服务，首要问题是考虑组织的服务能否满足客户的需求，如果不能满足，按照质量的定义，这种服务就不是优质的。那么，客户有些什么需求呢？我们又如何予以确认呢？这就需要我们对客户需求进行评估。

17.2.1　客户需求的类型

很显然，每个客户都有其特定的需求，比如一篇特定的管理报告，或者某一项专门的产品，甚至产品的某一种特性。这里，我们只能就以下最一般的客户需求加以概述。

○ 价格合理；
○ 产品效能良好、服务到位；
○ 信息准确、能进行有效的沟通；
○ 交货及时；
○ 安全可靠；
○ 服务快捷；
○ 灵活周到；

第17章 质量导向——客户需求

- 有选择余地；
- 环境舒适安全；
- 服务人员态度好。

实际上，客户的需求是很单纯的，从本质来说就是"优质"。下面的训练与练习可以帮助你了解客户的五种主要需求。

训练与练习　客户的主要需求

问题：
就客户需求的一般类型，请依次列出五种主要的需求。
(1) _____
(2) _____
(3) _____
(4) _____
(5) _____

总结：
价格合理以及产品效能良好、服务到位可能是外部客户最优先考虑的事项。如果面对的大多是内部客户，那么，信息准确、能进行有效的沟通、安全可靠或者环境舒适安全等需求则可能排在前列。

17.2.2　确认客户需求

要想知道客户的特定需求，最好的办法就是询问客户本人。通常可以通过问卷、当面交谈、普遍调查等方式。在提问的时候，可以直接问一些这样的问题，如"您对得到的服务有什么看法？""您认为我们的服务应当如何改进？""您对我们的服务最不满意的是哪些方面？"，等等。这些做法并不仅限于外部客户。例如，一份培训需求分析就是一种调查员工需求的手段，一份股权持有者分析就是一种调查股权持有者需求的手段。

步骤与方法　确认客户需求的方法

总结后我们发现，确认客户需求主要有以下几种方法：
- 问卷调查；
- 当面面谈；
- 普遍调查。

下面是一个市场研究调查的案例，请你通过这个案例与讨论，学习确认客户需求的方法。

案例与讨论　问卷调查表

在线市场研究调查表——欢迎提出您的意见和建议

为了更好地满足市场的需求，我们在网站上推出这份在线市场研究调查表。请您回答下列问题，并将完成的问卷调查表发送给我们。如果任何一个问题，您回答了"其他"，我们将直接与您联系，商讨更多方面的需求。

访谈问题

1. 您在购物前是否上网查询？
   ○ 是
   ○ 否

2. 您是否在网上购物？
   ○ 是——请继续回答2a题
   ○ 否——请继续回答2b题

2a. 如果在网上购物，您通常购买哪一类商品？

	是	否
书籍	○	○
音像制品	○	○
生活用品	○	○
软件	○	○
其他	○	○

2b. 如果您不在网上购物，为什么？

	是	否
不安全	○	○
没有网络支付手段	○	○
没有喜欢的物品	○	○

3. 您认为网站上哪些栏目最有用？
   ○ 个案研究
   ○ 市场调查
   ○ 财经快讯
   ○ 教育现状
   ○ 其他

第Ⅴ单元　客户与质量

```
 4. 我们可以提供的其他信息?
                                    是      否
    在线购物设施                     ○      ○
    专家咨询                         ○      ○
    在线聊天室                       ○      ○
    可选择其他语言浏览网站           ○      ○
    姓名    [_____]         [ 发送 ]
    电子邮件 [_____]
    问题:
    在设计调查问卷时,为了使我们能更准确地获得客户需求,还可以加入哪些问题?
    总结:
    在设计问卷时,如非必要可以不要求用户提供敏感的个人信息;如果问卷是电子
    软件,还可以设置问题的作答时间,以避免用户因犹豫不决而随便钩选答案。
```

17.3 满足客户需求

17.3.1 关心客户

要想满足客户需求,首先要关心客户。关心客户要做到热情周到,服务群众。热情周到是服务群众的核心内容之一,从某种意义上讲,热情周到是服务人员优良的职业道德和综合素质的集中反映。

完成下面的训练与练习,这将有助于你了解自己所在组织或团队满足客户需求的程度,并加以改进。

训练与练习 满足客户需求的程度

问题:
你认为自己所在的组织或团队满足客户需求的程度如何?请在表 17-5 中做相应的选择。

表 17-5 满足客户需求程度的调查

满足客户需求的准则	很好	中等	差	不答
把关心客户作为员工工作目标的一部分				

续表

满足客户需求的准则	很好	中等	差	不答
制定关心客户的标准				
培训员工关心客户				
改进付货机制				
设立客户服务部				
完善产品信息				
改善沟通渠道				
奖励成功关心客户的员工				
改善服务质量和售货环境				
制定灵活的价格机制				
迎合客户的特殊需求				
运用问卷调查等方式调查客户满意程度				

总结：

根据上面的训练与练习，你可以发现哪些方面需要改进，哪些方面应该保持。

步骤与方法 关心客户的原则

在安排关心客户的活动时，要注意"五要"和"五不要"原则。

"五要"原则：

（1）招收新员工和选择员工的时候要考虑其是否适应客户的要求；
（2）要与所有员工讨论客户不同层次的期望；
（3）要经常分析投诉的原因，辨别有什么新趋势；
（4）要经常提供物质奖励，鼓励客户反馈意见；
（5）要接近客户——想要造就你最好的前景，就要培养最好的客户。

"五不要"原则：

（1）不要忘记动员所有员工讨论客户服务工作；
（2）不要忽视内部客户；
（3）不要忽视宣传好消息、庆祝新成绩；
（4）不要忘记记录客户的表扬和投诉；
（5）不要说"这不是我的错"或"我不知道这件事由谁负责"。

17.3.2 跟踪客户满意度

为了满足客户的需求，还有一个很重要的工作就是跟踪调查客户是否真的感到满意。

下面为大家列举一个关于客户满意度调查的案例。

案例与讨论　客户满意度调查

某品牌儿童自行车在进行客户满意度调查时发现，同一款商品在线上和实体店的评价有很大的差异，实体店客户满意度远高于线上商城的客户满意度。对客户进行回访后，商家发现，线上商城的儿童自行车需要邮寄，为了保证在邮寄过程中商品不受损坏，脚踏板并未安装在自行车上，而是由顾客自行安装；在实体店，则是由店员安装好脚踏板后再交给顾客。脚踏板如果安装得过紧，骑车时会感觉很不顺畅，因此线上客户满意度较低。商家了解到原因后，将车轮的安装方式改为插入式，操作变得简单，客户满意度大幅提升。

问题：
商家调查客户满意度起到了什么作用？

总结：
客户满意度调查的内容越优化，得到的信息越多，也越有利于商家改进服务，使客户真正满意。这样既增加了客户黏性，又能多维度、更精准地为每个客户提供个性化服务，提升客户体验。

17.4　客户关系

17.4.1　客户关系管理

客户关系管理（Customer Relationship Management，CRM）是用于满足客户需求的一种方式，它是通过信息技术的应用满足客户的需求。

CRM 的目的在于集成所有与客户相关的信息，包括以前与客户接触的历史资料、客户选择商品或服务时的偏好等信息，把这些信息集成一个数据库，从中可以查找到任何一位客户的需求，这些需求信息有助于企业有效地制定商业战略以及市场运作、销售和服务等方面的种种决策。CRM 主要依赖数据开发、数据库管理、电子商务和网上交易等新技术从运营中抽取和运用数据。

步骤与方法　CRM 系统的优点与缺点

CRM 系统具有以下优点：
○ 增加满足特定客户需求的能力；

- 更好地运用企业所掌握的信息；
- 加快对客户的响应时间；
- 根据客户的反馈，提高采取行动的能力，比如设计新产品；
- 把总体的商业战略、市场运作机制、销售战略与客户服务有效地联系起来。

CRM 系统的缺点在于成本太高，实施费用太高，所需软件系统过于庞大，所以，要实施 CRM 必须首先下定决心，并持之以恒。认为高科技技术系统可以预见到客户需求似乎是一种奢望，因为人们的消费欲望并不是基于逻辑的推理，更多的是感性的渴望。其实大家见过一些类似的情形，比如在网上购书，销售者就曾试图根据客户过去的选购情况预测客户购书的倾向与爱好，却往往不是十分奏效。

17.4.2　4P+4C 客户关系营销模式

"我们的产品质量很过硬，可为什么就是不畅销呢？""我们的新产品看着不错啊，可消费者为什么对它不感兴趣呢？""我的产品定价并不高，广告也没少做，可怎么就是没人买呢？"作为企业的经营管理者，你是否也遇到过这些类似的问题呢？所有这些现象的存在，都说明了一个最根本的问题——企业的营销管理层面出现了严重问题，因而导致了营销组合因素产生了不均衡状态。

"4P" 是美国密歇根大学教授杰罗姆·麦卡锡（Jerome McCarthy）提出的营销策略，包括：

- 产品策略——Product；
- 价格策略——Price；
- 渠道策略——Place；
- 促销策略——Promotion。

"4C" 是由美国西北大学凯洛格管理学院终身教授菲利普·科特勒（Philip Kotler）针对消费者提出的营销手段，包括：

- 客户需求——Consumers；
- 客户成本——Cost；
- 客户便利——Convenience；
- 客户沟通——Communication。

"4P" 与 "4C" 的根本区别在于：前者是站在厂家（企业）的立场和角度来考虑营销问题；后者则是站在消费者的立场和角度来考虑营销问题。立场不同，产生的效果也不一样。在企业的营销实践中，如果能够把 4P 与 4C 两种理论加以整合，创建出一种全新的营销模式——4P+4C 客户关系营销模式，如图 17-1 所示，相信会产生 1+1>2 的合力。

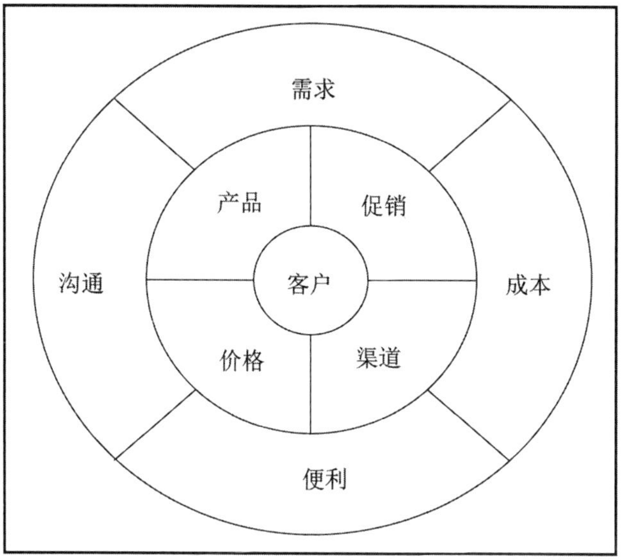

第17章 质量导向——客户需求

图17-1 4P+4C 客户关系营销模式

本章小结

客户是质量的打分者,通过学习本章的内容,我们能够识别产品及服务的客户。通过调查分析,确认客户的真正需求,从而实现产品及服务的价值。当企业足够了解客户,掌握了客户的消费心理与消费行为,就能以此制定合理而正确的策略;客户同时也了解了企业的产品与服务。合理地运用客户关系管理方法,最终实现客户对企业高度认可的目标。

思考与练习

1. 简述确认客户需求的方式。
2. 简述关心客户的原则。

第 18 章 质量与运营

学习目标
1. 了解过程管理的五要素；
2. 了解与健康、安全和环境相关的质量问题；
3. 了解信息管理系统涉及的质量问题；
4. 掌握 6σ 标准；
5. 重点掌握达到优质产品和服务目标的六个步骤。

学习指南

本章着重于从系统和过程的角度来分析与质量相关的问题，因为质量关系着产品和服务是否能够满足顾客需求，而这些都需要在系统和过程中完成。本章全面阐述了质量管理系统，产品生产（或客户服务）过程中的质量，健康、安全和环境的质量等问题。

关键术语

过程方法原则　6σ 标准　检测标准　检测指标　信息管理系统

18.1 过程方法

过程是指利用输入实现预期结果的相互关联或相互作用的一组活动。过程方法则是将相互关联的过程作为一个系统加以理解和管理，有助于组织实现其预期结果的有效性和效率。过程方法包括按照组织的质量方针和战略方向，对各过程及相互作用系统地进行规定和管理，从而实现预期结果。

18.1.1 过程方法的益处

ISO 质量管理原则的第四项原则（过程方法）指出其主要的益处在于以下几个方面：
○ 提高关注关键过程和改进机会的能力；
○ 通过协调一致的过程体系，始终得到预期的结果；
○ 通过过程的有效管理、资源的高效利用及职能壁垒障碍的减少，尽可能提升其绩效；
- 使组织能够向相关方提供关于其一致性、有效性和效率方面的信任。

实施过程方法原则的行动有：
- 确定体系的目标和实现这些目标所需的过程；
- 为管理过程确定职责、权限和义务；
- 了解组织的能力，预先确定资源约束条件；
- 确定过程相互依赖的关系，分析个别过程的变更对整个体系的影响；
- 将过程及其相互关系作为一个体系进行管理，以有效和高效地实现组织的质量目标；
- 确保获得必要信息，以运行和改进过程并监视、分析和评价整个体系的绩效；
- 管理可能影响过程输出和质量管理体系整个结果的风险。

18.1.2 过程管理标准

组织需要针对所要完成的管理和业务活动事项，以及所需实现的结果，设计所需过程及其活动内容，其活动应符合组织拟定的运行准则的要求，实现过程的预期输出。

步骤与方法　过程管理的五要素

- 第一方面：明确权责并进行记录。

在一个组织中，应当明确谁做什么、主要的活动、进程和过程、工作目标、业务描述、实施目标、操作手册、工作规范、组织流程表等。

- 第二方面：提高质量。

认定和满足客户的要求、完善质量政策、组织员工参与、促使改进、审核质量。

- 第三方面：规划和提供资源。

选用合适的人员、原材料、信息、设施和基础设备，使它们达到质量要求。

- 第四方面：控制供应链各个环节。

保证产品与服务设计良好、满足客户需求、控制供应链的所有功能（购买、库存、生产、销售）。

- 第五方面：监督与检测。

检查产品或服务质量是否达到目标，如果没有达到，是否已经采取了补救措施。

一般而言，大多数的管理者都会保存记录、设定目标、关心客户的需要、招聘新员工和培训在职人员等。

延伸与拓展　过程的种类

通常情况下，为了便于管理，组织可将过程划分为价值创造过程、管理过程、支持过程。

○ 价值创造过程包括：
（1）市场营销过程；
（2）销售及合同管理过程；
（3）产品和服务实现策划过程；
（4）产品和服务的设计和开发过程；
（5）制造过程设计和开发过程；
（6）采购和外包过程；
（7）生产和服务提供过程；
（8）产品交付过程；
（9）售后服务过程。

○ 管理过程包括：
（1）信息和沟通过程；
（2）目标和绩效管理过程；
（3）管理评审过程；
（4）内部审核过程；
（5）纠正措施过程；
（6）改进过程等。

○ 支持过程包括：
（1）成文信息管理过程；
（2）人力资源管理过程；
（3）设备设施管理过程；
（4）运行环境管理过程；
（5）监视和测量资源管理过程；
（6）组织的管理过程。

——资料改编自：郭庆华.2015版质量管理体系标准理解与应用［M］.北京：中国铁道出版社，2017.

训练与练习　过程管理

问题：

请你考虑过程管理的五个方面，将其运用到自己的工作领域。就每个方面想出一个可以改进的例子，如改变一个进程、设置一项纪录、引入实施指标、改进某一领域的培训、改善设施等，完成表 18-1。

表 18-1　过程管理的改进

过程管理的要素	改进措施
明确权责并进行记录	
提高质量	
规划和提供资源	
控制供应链各个环节	
监督与检测	

总结：

我们没有必要总是把注意力集中在能否做出重大改革上面，其实小的工作项目做好了，自然会有大的改观。

18.1.3　"6σ"标准

"6σ"（六西格玛）是质量管理的重要概念之一。"σ"（sigma）是一个表示标准偏差的符号，大家可能隐约记得在学校的统计学课程中见过它。现在，"σ"已经成为一个重要的商业用词，特别是"6σ"，是业务改进过程（Business Improvement Process，BIP）的组成部分。

"6σ"这个概念是建立在统计过程控制（Statistical Process Control，SPC）基础之上的，"6σ"在统计过程控制中有它自己的基本原理。因此，了解其中使用的一些基本术语非常重要。下文首先解释几个有关的概念。

步骤与方法　"6σ"的有关概念

○ 正态分布。

在统计学中，如果从各个不同过程中采样，那么随着样本数量的增加，可以预测这些数据会呈现出正态分布，如图 18-1 所示。例如，一盒脆玉米片的重量、一盒夹子的数量等，都是呈正态分布的。也就是说，大多数的观测值会分布在你的控制值（过程的平均值）的附近，并且在平均值两侧的这些数值是递减的。

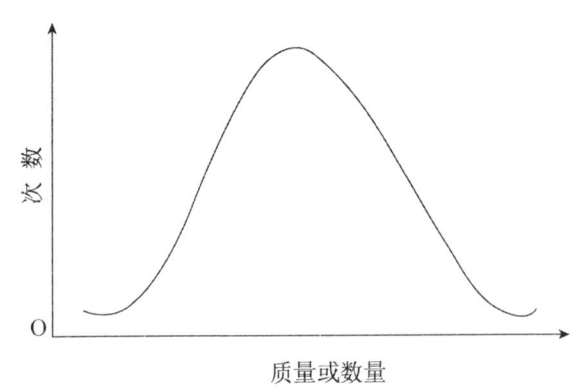

图 18-1　正态分布图

- 过程的自然偏差。

统计学中的正态分布表示，大部分的观测值（事实上有 99.7% 的观测值）会落在平均值两侧 3 个标准偏差（用符号 σ 表示）以内的区域。所以，在控制过程中，一般认为过程的自然偏差可以通过在过程平均值两侧分别 ±3 个标准偏差来进行描述。

- 容错范围。

操作管理员不得不回答这样的问题：在过程中，这个偏差是否可以接受？为了回答这个问题，操作管理员需要对过程设置上界和下界。这些上界或下界是操作可以接受的数值范围，被称作容错范围。

- 处理能力。

测试处理能力的一个简单方法是，将容错范围（可允许的偏差）除以过程中的自然偏差。处理能力如果为 1，表示容错范围与过程的自然偏差是一样的；处理能力如果小于 1，则表示过程的自然偏差超过了容错范围——你的问题就出现了！

延伸与拓展　六西格玛（6σ）质量管理法

六西格玛质量管理体系既是分析工具也是一种方法论，作为分析工具主要是基于其数理统计而言的，作为方法论则因其具有有效解决具体质量问题的功能。

六西格玛管理法是在 20 世纪 90 年代中期开始被美国通用电气公司（General Electric Company，简称 GE）从一种全面质量管理方法演变成为一个高度有效的企业流程设计、改善和优化的技术，并提供了一系列同等地适用于设计、生产和服务的新产品开发工具。六西格玛管理法既着眼于产品、服务质量，又关注过程的改进。其中心思想是，如果你能"测量"一个过程有多少个缺陷，你便能系统地分析出怎样消除它们和尽可能地接近"零缺陷"。

六西格玛和精益生产之间有非常好的互补和融合。精益生产更多地从减少浪费的角度来解决问题，六西格玛则更多从流程来控制质量。

——资料改编自：赵宇，何益海，戴伟. 质量工程技术体系与内涵[M]. 北京：国防工业出版社，2017.

18.2 如何实现优质

过程控制的目的在于改善产品和服务的质量。要改善产品和服务的质量，达到"优质"，应该遵循一定的步骤。

步骤与方法　达到产品和服务优质目标的步骤

○ 第一步：制定产品和服务的质量标准。

例如，分项列出各项标准：性能、外观、可靠性、耐用性、可修复性、客户服务。

○ 第二步：确定如何测量每一项标准（确定达到标准的可测量的指标）。

例如，要考察饭馆的环境，就可以检查饭馆是否每天都进行清理；要测量电池的耐用性，就可以看它能使用多长时间，或者是否能超过其他电池的寿命。测量值是一个特性指标，它可以是"变量"，即定量的，也可以是"属性"，即定性的。

○ 第三步：对每一项质量指标都要规定其应达到的标准值（定量的或是定性的）。

例如，"机器故障每年只能出现一次，这样的质量就能得到认可"就可以作为一个标准值。

○ 第四步：依据标准值控制质量。

这要求利用性能指标对质量进行监督与检测。

○ 第五步：发现质量低劣的原因并进行纠正。

在这一步骤中，可以运用解决问题的技术（相关内容见第19章的介绍）。

○ 第六步：持续改进（相关内容见第19章的介绍）。

18.2.1　检测标准

虽然不同的产品和服务对"优质"都有其各自的要求，但从客户的角度来看，"优质"的产品和服务都具有一些共同的标准。检测标准的重要性在于，组织可以依照这些标准进行质量管理，进而改进质量，实现优质产品和服务的目标。除了上面列出的六个标准外，史莱克等人又从另外的角度给出了五个检测标准，同时他们认为，在检测产品和服务是否"优质"的所有标准中，功能标准是关键。

步骤与方法　五个检测标准

- 功能——达到需求；
- 效率——高效快速；
- 可信赖性——准时做到；
- 灵活性——能适应需求的变化；
- 费用——有效合理地控制成本。

如果仔细地研究一下，可以看出，这些标准要求很高。如果检测的结果是功能达不到需求、低效缓慢、不能适应需求的变化、不值得信赖，并且不值么多钱，那产品和服务就满足不了客户的需求，就不是优质的。

下面的训练与练习包含了上面所有的标准，可以从两个角度帮助你了解如何检测产品和服务的质量。

训练与练习　产品和服务的检测标准

问题：

如何检测产品和服务的质量？

（1）运用下列标准评价一下你所提供的产品和服务的质量，按五个等级进行评价，1分最差，5分最好，完成表18-2。

表18-2　产品和服务的检测标准

产品和服务的检测标准	评分等级	产品和服务的检测标准	评分等级
功能		客户服务	
外观		效率	
可靠性		可信赖性	
耐用性		灵活性	
可修复性		费用	

（2）你所提供的产品和服务的质量在哪方面有过较大的失误，是否可以找到办法弥补，写出你想到的弥补措施。

总结：

可以利用此表格做样板，评价你提供的其他产品和服务的质量，构成一个质量管理系统的基础，你可将它用于你的工作中。

18.2.2 检测指标

检测指标是用来测量产品和服务的质量是否符合标准的尺度,通常表示为一定的数值。

不经过检测就无法知道产品和服务质量是否得到改进。例如,英国的质量改进计划委员会(Quality Improvement Program,QIP)的主要任务就是确定需要通过检测哪些方面来对健康的质量做出评定。每一项检测标准都要求具备规范的理论说明、检测目的、准则和实施方法。此外,所有检测在取得结果之后都会做进一步的改善,即使达到了良好的效果,仍然可以做得再好一点。在质量改进计划委员会审查这些检测结果的同时,其他国家性的和地区性的结果都可以对照这些基准,并得出结论。

步骤与方法　检测指标

史莱克等人指出,对于一些检测指标,只要利用前面提出的五种检测标准就可以取得成果。这是检测产品和服务质量的良好范例,如表18-3所示。

表18-3　检测标准和典型的检测指标

检测标准	典型的检测指标
功能	每单位内缺陷数量;客户投诉等级;废料等级;索赔担保;平均故障间隔时间;客户满意度评分
效率	客户质询回应时间;发出订单至收到货物的间隔时间;送货频率;实际完工时间与合同规定的差别;循环时间
可信赖性	订货迟到的百分比;订货迟到平均值;产品库存率;偏离约定交货时间的平均差;遵守时间的程度
灵活性	开发新产品和服务所需时间;产品和服务覆盖范围;机器更新时间;平均批量大小;平均能力和最大能力;更改日程表的时间
费用	最短交货时间和平均交货时间;对预算所做的更改;资源的使用;劳动生产率;附加价值;收益率;每小时操作费用

下面的训练与练习,可以帮助你结合自己所在组织的情况分析相关的检测指标。

训练与练习　检测指标

问题:

依据表18-3列出的项目,记下某个可能对自己组织有用的检测指标,将情况向主管经理汇报。

总结：

引入更多的可以改进当前操作水平的检测指标，有利于有效判断当前产品和服务的质量是否能满足客户的需求，以及产品和服务是否在质量上有所提高。

18.3　质量与其他

18.3.1　健康、安全和环境的质量

对于生活在危险环境中的人来说，健康、安全和环境的质量至关重要。对此，各国政府出台了一些标准，包括《职业健康安全管理体系 要求及使用指南》（ISO 45001：2018）、环境标准（ISO 14000）以及产品安全标准。

1. 《职业健康安全管理体系 要求及使用指南》的应用方式

《职业健康安全管理体系 要求及使用指南》的应用方式如下：

（1）制定和实施职业健康安全方针和目标；

（2）通过了解组织所处的环境、需要应对的风险和机遇，建立系统的管理过程；

（3）进行危险源辨识、风险评价，并确定必要的控制措施；

（4）提升人员的职业健康安全意识和能力；

（5）评价职业健康安全绩效，寻找改善的机会并加以实施。

和其他管理数据一样，健康与安全系统管理的信息应当得到详细而准确的记录，如果出错，会造成不可想象的严重后果。请参照下面的案例与讨论了解数据信息准确的重要性。

案例与讨论　虚假质量监测数据

> 2017年9月，经法院调查，日本神户制钢所旗下的三家工厂在一年的时间里向客户提供了约300份的虚假产品合格证书，神户制钢所长期篡改部分铝、铜产品的质量监测数据，把未达到客户要求的产品充当合格的产品供应至全球的合作商家，受害的企业超过了600家。
>
> 日本媒体报道分析，自1992年泡沫经济破灭后，日本经历了"失去的20年"。在这段漫长的时间里，日本人的工资几乎没有上涨，生活水准却在下降。因此，企业内部普遍出现员工士气低落、职业道德下降的现象。员工的责任感和"热爱公司"的精神，已经大大不如以前了。神户制钢造假问题并不是一次偶发性的问题。包括管理层在内的员工集体参与的数据造假已持续多年，并得到很多员工的默认。连高层管理人员也不得不公开承认篡改数据并非个别人所为，而是获得了管理层的默许。

问题：

产品合格证造假的原因有哪些？

总结：

企业日常管理中缺乏监督检查、培训工作薄弱、缺乏职能重组（业务过于烦琐）、缺乏对岗位职能重要意义的认识等都是可能导致质量问题的重要原因。此外，社会环境及全球化竞争加剧也是导致质量问题的重要原因之一。质量是企业发展的命脉，弄虚作假的操作虽然可以掩盖一时的差错，但是如果没有最终解决问题，迟早会引起更大的错误，所以不能姑息纵容任何弄虚作假来掩盖事实真相。

训练与练习　健康与安全情况的调查

问题：

通过上面的案例我们了解到，管理中缺乏监督检查、培训工作薄弱、缺乏职能重组（业务过于烦琐）、缺乏对岗位职能重要意义的认识等都是导致质量问题的重要原因。这些准则在你的职责范围内是否已经得到实施？如果做到了，请在表18-4相应位置打钩，并说明具体的实施情况。

表18-4　健康与安全情况的调查

健康与安全系统管理工作	是否做到	实施情况
监督检查		
培训工作		
职能重组		
对岗位职能重要意义的认识		

总结：

大家都知道健康和安全的重要性，但是往往在实际操作中，总是会有一些原因使我们偏离原则，所以必须对实施情况加以监督和审查，并从中反思得失。

2. 环境管理体系

环境管理体系（Environmental Management System），英文简称EMS。2015年9月，《环境管理体系 要求及使用指南》（ISO 14001：2015）国际标准正式发布，标准由领导作用、策划、支持、运行、绩效评价和改进六部分构成。各部分有机结合，紧密联系，形成PDCA循环，为组织提供一个循序渐进的过程，用以实现持续改进。该模式可应用于环境管理体系及其每个单独的要素。

- 策划：建立所需的环境目标及过程，以实现与组织的环境方针相一致的结果。
- 实施：实施所策划的过程。
- 检查：根据环境方针，包括承诺、环境目标和运行准则，对过程进行监视和测量，并报告结果。
- 改进：采取措施以持续改进。

步骤与方法　EMS 的益处

- 使股东确信你对环境的承诺；
- 改善公共形象；
- 改进成本控制/减少浪费；
- 显示对环境负责，遵守《中华人民共和国环境保护法》；
- 更经济地处理废弃物，减少税费，如占地税、能源税；
- 运用先进的环保技术，如节能照明光源技术。

请通过下面的训练与练习，结合你个人的情况，思考一下 EMS 的益处。

训练与练习　EMS 的要素

问题：

从 EMS 的各要素中你能获得哪些益处？例如，你的能源消耗降低了多少？

总结：

从 EMS 的各要素出发分析实际情况，有利于全面、规范地分析整个组织的情况，找出漏洞。

18.3.2　质量与信息管理系统

信息管理系统是组织内最重要的系统，它对确保操作质量非常重要，因为信息管理系统能够促进生产率的提高。还有很多与质量管理相关的信息系统，诸如物料需求计划（Material Requirement Planning，MRP）、企业资源计划（Enterprise Resource Planning，ERP）、准时化生产方式（Just in Time，JIT）和供应链管理系统（Supply Chain Management，SCM），以及第17章提到过的客户关系管理系统也都非常有用。

对于大多数企业来说，并不是非要借助这些高端的信息系统才能实现质量管理的信息化，还有很多方式和使用最新的信息管理系统同等重要。这些方式包括基于准确与可靠的数据做出明智决策，利用系统的方法保持记录和收集数据，用切实的方法分析数据，等等。

由于信息管理系统过于庞大，启动难，管理也难，因此经常出现难以达到预期目标的现象。同时，信息管理系统的费用也过于昂贵，我们要时刻牢记，物有所值是一条重要的质量管理原则。

本章小结

优秀的质量得益于优秀的管理。任何一项经营活动都是几个、几十个甚至上百个过程综合作用的结果。通过本章的学习，我们能对企业的日常工作进行拆分，形成一系列相互关联的过程，运用本章介绍的各项标准（如 6σ 标准）对过程进行检测，最终实现企业运营的各个流程透明化、可视化，进而为下一步实施质量改进策略提供支持。

思考与练习

1. 如何达到优质产品和服务目标？
2. 简述过程管理的五要素。
3. 6σ 标准包含哪些概念？分别是什么意思？

第 19 章 质量改进策略

学习目标
1. 了解质量改进的内容；
2. 了解质量改进的目的；
3. 掌握质量改进的工具；
4. 掌握"五个为什么"改进法；
5. 重点掌握 PDCA 循环；
6. 重点掌握 5W2H 改进法。

学习指南

如果总是按照原样去做，其结果只能是原地不动。在质量管理中，"改进"是一个关键性的概念，它使我们能够持续地保持优良的质量。本章将介绍质量改进的有关内容，包括质量改进的内容、质量改进的目的、质量改进的工具等，重点学习 PDCA 循环、"五个为什么"改进法以及 5W2H 改进法，为实现质量改进的最终目标——解决问题提供方法和途径。

关键术语

质量改进　改进　PDCA 循环　流程图　散点图　鱼骨图　"五个为什么"改进法　5W2H 改进法

19.1 质量改进概述

竞争的激烈和技术的日新月异，使不断改进成为现代组织的立足之本。市场越来越公开，构成障碍的东西越来越少，特别是互联网的应用，加大了信息的覆盖面，提高了沟通的效率，甚至部分商业运作也都在互联网上进行。所以，大家必须依靠改进维持发展，如果不改进，就会被别人超过，出现停滞，甚至会被淘汰出局。ISO 质量管理原则的（相关内容见 16.2.1 "质量管理标准及原则"介绍）第五项原则中关于质量改进的内容。

○ 质量改进的益处在于：
（1）提高过程绩效、组织能力和顾客满意度；

(2) 增强对调查和确定基本原因以及后续的预防和纠正措施的关注；
(3) 提高对内外部风险和机会的预测和反应能力；
(4) 增加对增长性和突破性改进的考虑；
(5) 通过加强学习实现改进；
(6) 增加创新的动力。

○ 实施改进原则的行动有：
(1) 促进在组织的所有层次建立改进目标；
(2) 对各层次员工进行培训，使其懂得如何应用基本工具和方法实现改进目标；
(3) 确保员工有能力成功地制定和完成改进项目；
(4) 开发和部署整个过程，以在组织内实施改进项目；
(5) 跟踪、评审和审核改进项目的计划、实施、完成和结果；
(6) 将改进与新的或变更的产品、服务和过程的开发结合在一起予以考虑；
(7) 赞赏和表彰改进。

19.1.1 质量改进的目的

考虑如何改进质量的最终目的是解决问题。例如，为什么这个过程总是出毛病？如何使成本降低？如何减少浪费？如何实现零缺陷？为什么客户对我们的服务不满意？为什么我们的供应链这么不可靠？为什么我们没有从信息系统获得益处？

要达到解决问题的最终目的，组织应该坚持改进质量，在日常工作中收集那些细微的改进意见，从点滴做起，以一种累积或渐变的方式做出改进。第 16 章讲述的全面质量管理（TQM），其中一个主题就是进行质量改进，TQM 不是一次性的行动，且永远不能满足于已经取得的成果。

通过下面的训练与练习，你可以学习如何收集那些细微的改进意见。

训练与练习　建议摘要集

问题：
你有什么好的办法可以为组织收集到细微的改进意见，以指导进一步的质量改进工作？请写下你的办法。

总结：
收集细微意见的方法有很多，比如可以在主管领域内设立一个建议摘要集，这是一种省钱的办法，而且可以使你的员工参与进来。

19.1.2　改进

ISO 质量管理原则的第五项原则叫作"改进"。个人生活需要改进，家庭生活需要改进，社会生活需要改进，工作活动也需要改进。所有人，从员工到经理，没有例外，都需要改进。

改进既可以采用累积的或者说渐变的方式做出，如每次稍微改进一点；也可以采用更为突然的和激烈的方式，比如突破性的改进，这涉及重大的文化方面和结构性的变化，就像业务流程重组。当然，除非有良好的文化变迁程序和适当的培训与开发（T&D）的充分支持，否则，盲目地进行文化方面和结构性方面的变革，试图一蹴而就，是非常危险的。改进的目标在于使改进的思想深入人心，使组织中的每一个人都把改进视为很自然的事，从而寻求改进。

不断地、一点一滴地去做，并为之注入活力，这就是改进的思想。在一个组织内，改进是一种集体层面上的概念，它意味着在所有的层次持续和累积的改进，设备操作人员、中层经理甚至首席执行官都包括在内。改进还涵盖了很多著名的制造行业技术，诸如库存即需即取、零缺陷、质量例会与合理化建议系统等，这些都是改进理念的组成部分。

改进作为一个永不终止的过程，经常被描述成一套重复活动或循环。美国的全面质量管理大师戴明（Deming）发明了一种展现这个过程的方法，叫作 PDCA 循环，或者叫"戴明环"，如图 19-1 所示。

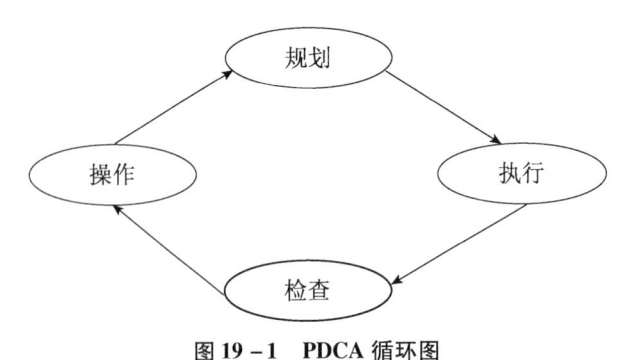

图 19-1　PDCA 循环图

循环始于规划（Plan）阶段，其中包括调查研究和分析问题；之后是执行（Do）阶段，执行规划的内容；下一步是检查（Check）阶段，按照预期来评价结果；最后是采取行动纳入操作或巩固（Action）阶段，将变化予以标准化或者从中汲取经验教训。然后，重新开始循环。PDCA 循环是一种系统化的改进方法。

19.1.3 消除八种 Muda

大家可以仔细地研究一下自己的全部操作，把其中无用的操作消除掉，说到底，也就是一同改进。在日语中，"Muda"指浪费。在这里，我们用 Muda 表示"做了不增加任何价值的事"，它是创造价值的死敌。

以下是八种最糟糕的 Muda：
- 无用的动作；
- 拖延时间；
- 不必要的输送和搬运材料；
- 造成缺陷；
- 过分精工细作；
- 产品过剩；
- 库存过量；
- 错失良机。

如果能够把这些 Muda 从操作中排除掉，并且时刻警惕，不让它们死灰复燃，就算是掌握了改进的精华。

步骤与方法　改进的两项关键活动

维持最优的工艺过程并不断改进，涉及两项关键活动，我们称之为推动改进循环的两个轮子：
- 使最优的工艺过程得以保持，这些事务是操作人员和技术人员所关注的。
- 推动改进的循环，一般来说，这是由管理人员和工程师负责的。他们对标准化负有领导责任，但是他们不能脱离实际，应该把主要的时间花在基层（车间或现场），按照改进的规划进行检测，从每一位员工的角度考察产品制造过程。

改进致力于鼓舞员工的士气，消除工作中的沉闷之感，引发员工因个人建议或主张被付诸实践而产生的自豪感。实施改进之后，某企业产生了如下变化：可以雇用更少的人完成同样的工作，也不会主动解雇任何一个员工，虽然员工人数从大约 1 500 人降到目前不足 1 000 人，但全部是自然减员。

下面让我们通过案例与讨论回顾一下改进的内容，并总结一下改进的要素。

案例与讨论　改进的要素

借助于生产自动化，光盘（Compact Disk，CD）在生产线上的生产周期已大为缩短。例如，20世纪80年代后期，CD的批量生产线早已全部废除。1983年，索尼购进了哥伦比亚广播公司旗下的唱片公司，同时收购了泰瑞豪特郡的工厂，使光盘盘片的生产率达到世界领先水平。自动导向运输车装载着原料和产品在各个加工站点不断地流动，从检查验收原材料一直到制造过程本身，一切环节都实现了自动化，甚至装箱、码垛、放置到货盘上这类工作也都实现了自动化。

问题：

请根据以上索尼的个案研究，写出至少3条改进要素。

(1) _____

(2) _____

(3) _____

总结：

可参照以下列出的13条改进要素：

(1) 使所有层次的员工都参与其中；

(2) 运用准时化生产方式；

(3) 实现零缺陷；

(4) 召开质量例会；

(5) 运用合理化建议系统；

(6) 消除八种 Muda；

(7) 维持最优过程；

(8) 把改进引入标准化过程；

(9) 检查实际运作是否与持续改进为导向的计划相符合；

(10) 缩减员工总人数；

(11) 鼓舞员工的士气，消除工作中的沉闷感，引发员工因个人建议或主张被付诸实践而产生的自豪感；

(12) 加快持续改进的循环时间；

(13) 实施生产自动化。

下面的训练与练习将帮助你分析哪些改进要素适合自己的需要。

训练与练习 适合自己的改进要素

问题：

(1) 根据前面列出的改进要素，在表19-1中选出可用于你工作中的项目并打钩。

第 19 章　质量改进策略

表 19-1　适合自己的改进要素

改进要素	选中则打钩
使所有层次的员工都参与其中	
运用准时化生产方式	
实现零缺陷	
召开质量例会	
运用合理化建议系统	
消除八种 Muda	
维持最优过程	
把改进引入标准化过程	
检查实际运作是否与持续改进为导向的计划相符合	
缩减员工总人数	
鼓舞员工的士气，消除工作中的沉闷感，引发员工因个人建议或主张被付诸实践而产生的自豪感	
加快持续改进的循环时间	
实施生产自动化	

（2）你将如何实施已经选中的改进要素？写下自己的计划。

总结：

改进要素对于质量的保证非常有用，如果能将它和自己的实际工作结合在一起，将更有意义。

19.2　质量改进的工具

若干年来，人们在质量管理活动中，已经开发出很多的工具用于改进质量。这一节将介绍几种大家可能用得上的工具。

19.2.1　流程图改进法

流程图可以帮助我们整理现有的流程或者设计一个新流程。在流程图上，信息、人员和资源沿着一定的路线从一个阶段到另一个阶段流动。在每个阶段，我们需要标出行动、问题或者决策。

如果基于现有的流程画出图解，我们可以查找顺序问题、瓶颈问题或者应改进的区域。如果从头开始设计一个流程，则需要把图上所有的步骤都考虑清楚，想好怎样才能有效运转。无论哪一种情况，我们都需要做出规划，然后加以检查，也就是采用 PDCA 循环的办法。

步骤与方法　流程图符号

（1）决策框（如图 19-2 所示）：决策框中的文字包含一个问题，要求你回答"是"或者"否"。

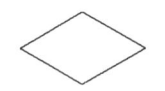

图 19-2　决策框

（2）行动框（如图 19-3 所示）：行动框中的文字描述你所采取的步骤。

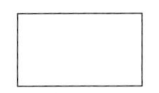

图 19-3　行动框

（3）箭头线（如图 19-4 所示）：将动作和决策联系到一起。

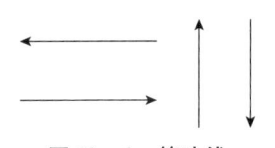

图 19-4　箭头线

运用这些流程图符号，可以画出流程图，帮助我们进行质量改进，如图 19-5 所示。

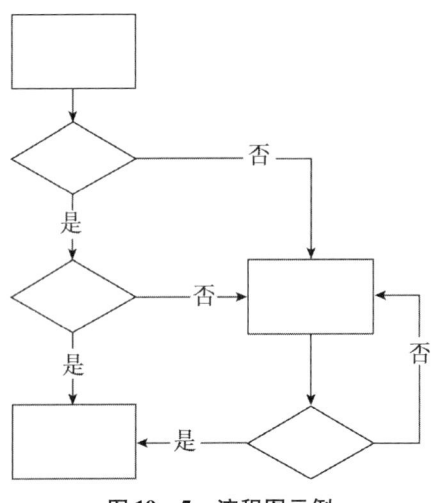

图 19-5　流程图示例

19.2.2 散点图改进法

散点图是在两组数据之间建立相互关联的方法。我们首先画出典型的坐标轴,再根据观察标出若干点的位置,最后根据点的分布情况得出结论。坐标中各个散点越接近线性,两组数据的关系愈密切;反之,散点偏离线性愈远,两组数据的关系越疏远。

图 19-6 显示了客户满意度与呼叫服务次数之间的关系,在绘出的各个点之间大致可以画出一条直线;图 19-7 的各个点散布于各处,表示各因子之间没有什么关系,也就意味着客户满意度与应急走访次数没有多大联系。

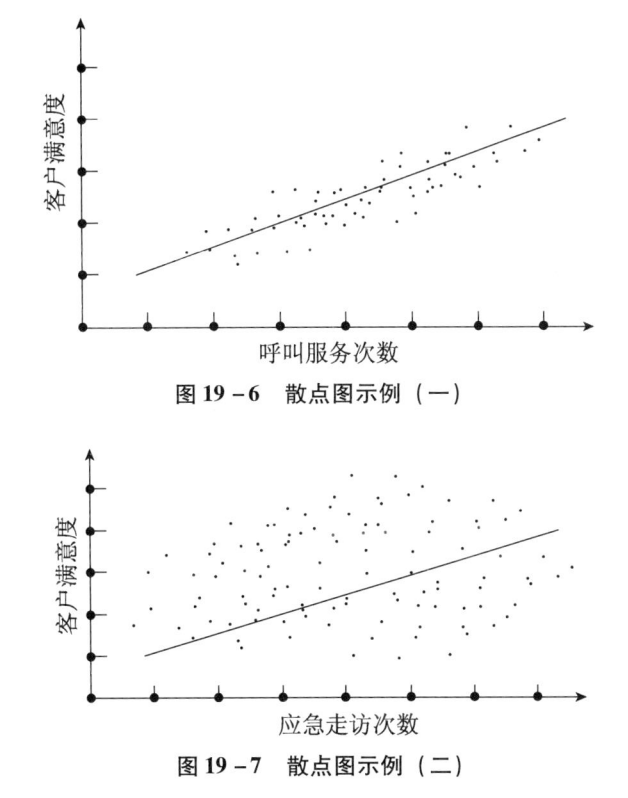

图 19-6 散点图示例(一)

图 19-7 散点图示例(二)

我们还应当注意,散点图只是查明各个因子之间是否有关系,并不意味着原因和结果。查明原因和结果要利用下面介绍的鱼骨图。

19.2.3 鱼骨图改进法

鱼骨图(也叫因果图)因看起来像一条鱼的骨架而得名,它对于解决问题来说是一种非常有用的、直观的工具。我们所要做的只是把原因"挂"到骨架上,并从诸多原因中查

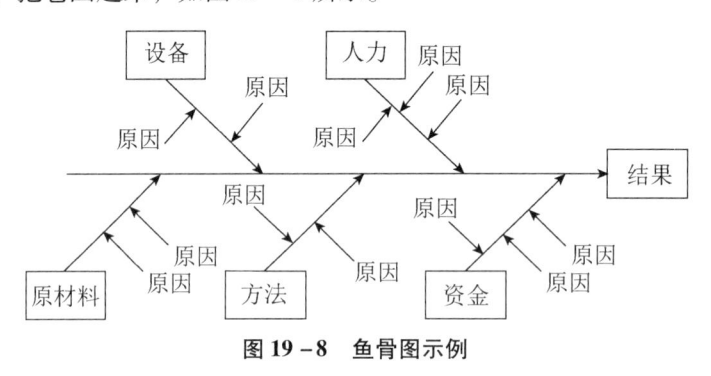

找真正的原因，把它圈起来，如图19-8所示。

图19-8 鱼骨图示例

步骤与方法　鱼骨图绘制方法

（1）画一条线，代表鱼脊椎骨，顶端（代表鱼头）是一个方框，方框里写明结果（就是要分析的问题）；
（2）在鱼刺上画出几个主要原因；
（3）尽量查找引起问题的更具体的原因，用带箭头的小鱼刺画到大鱼刺上；
（4）确定真正的原因，把它们圈起来。

接下来，你可以通过训练与练习，具体思考一下该如何利用这些工具来解决问题。

训练与练习　解决问题的工具

问题：

你准备用以上学到的哪些工具来改进质量？请将其写在表19-2中。这些工具和技术可以应用到哪些问题上？

表19-2　质量改进的工具及其应用的工作领域

质量改进工具	应用的工作领域
流程图	
散点图	
鱼骨图	

总结：

利用以上工具有利于提高效率，更快地找到问题并解决问题，进而实现质量的改进。

19.2.4 "五个为什么"改进法

"五个为什么"分析法,也被称作"什么—为什么"分析法。它是一种诊断性技术,被用来识别和说明因果关系链。它要求做到以下几点:

(1) 恰当地定义问题;

(2) 不断提问为什么前一个事件会发生,直到回答"没有好的理由"或一个新的故障模式被发现时才停止提问;

(3) 解释根本原因以防止问题重演。

以下是丰田汽车公司（Toyota Motor Corporation）前副社长大野耐一先生通过"五个为什么"改进法找出机器停转的真正原因的案例,请结合案例进行思考。

案例与讨论　"五个为什么"分析

有一次,大野耐一发现,生产线上的机器总是停转,虽然修过多次,但仍不见好转。于是,大野耐一与工人进行了以下的问答:

一问:"为什么机器停了?"
答:"因为超过了负荷,保险丝就断了。"
二问:"为什么超负荷呢?"
答:"因为轴承的润滑不够。"
三问:"为什么润滑不够?"
答:"因为润滑泵吸不上油来。"
四问:"为什么吸不上油来?"
答:"因为油泵轴磨损、松动了。"
五问:"为什么磨损了呢?"
再答:"因为没有安装过滤器,混进了铁屑等杂质。"

这样,经过连续五次不停地问"为什么",大野耐一才找到问题的真正原因和解决的方法,并在油泵轴上安装了过滤器。如果他没有用这种追根究底的精神来发掘问题,很可能只是换根保险丝就草草了事,真正的问题还是没有解决。

问题:
通过上面的案例,你能说出"五个为什么"改进法的优点吗?

总结:
连问五次"为什么"并非什么妙法,不过一再追问"为什么"就可以避免只发现表面现象，而深入根本原因，若能找到解决问题的根本原因，许多相关的问题就会迎刃而解。深入问题，抽丝剥茧，从根源上解决问题，这就是"五个为什么"区别于其他方法的优点。

正如加拿大管理学家明茨伯格（Mintzberg）所言，"一件没有预料的事情可能引起故障，一个长久被忽视的问题可能导致一次危机"。管理者应该常常思考明茨伯格的管理警句，不断实践"五个为什么"分析工具，让管理变得更高效。

19.2.5　5W2H 改进法

5W2H 法于第二次世界大战中由美国陆军兵器修理部首创。这个方法简单、方便，易于理解，富有启发意义，对于决策和执行性的活动措施也非常有帮助，因此被广泛应用于企业管理中。

5W2H 法是以 5 个"W"开头的英文单词和两个"H"开头的英文单词进行设问，发现解决问题的线索，寻找新思路，进行设计构思，从而创造出新的发明项目或者做出新的决策。所谓"5W"是指为什么（Why）、何事（What）、何时（When）、何人（Who）、何地（Where），"2H"是指怎样（How）、多少（How much）。

步骤与方法　5W2H 法的应用程序

第一步：审视目前的形势和问题。
○ 为什么（Why）——为什么有必要，可省去吗？为什么如此做，可简化吗？有其他方法吗？……
○ 何事（What）——做什么？要准备什么？什么事可能成为障碍？……
○ 何时（When）——何时开始？何时完成？……
○ 何人（Who）——由谁去做，一个人还是一个团队？由谁来配合？由谁来监督完成？……
○ 何地（Where）——在哪里做？……
○ 怎样（How）——如何做？如何准备？……
○ 多少（How much）——需要的成本是多少？……

第二步：找出主要优点与缺点。
如果现行的策略或者做法经过上面 7 个问题的审核已经无懈可击，便可以认为这一做法或策略可取。如果 7 个问题中有一个答复不能令人满意，则表示这方面有改进的余地。

第三步：做出最后决策。

从 7 个方面进行衡量，判断原来的做法是否可行，并加以改进。

本章小结

高效的方法是实现正确目标的有力保障，质量管理是一个不断改进的过程。本章详细介绍了质量改进的目的与工具，在管理工作中，我们可以对一个问题采用一种或多种工具进行分析，进而不断提升产品与服务质量。

思考与练习

1. 在 ISO 质量管理原则中，改进原则可以采取的行动有哪些？
2. 简述 PDCA 循环。
3. 改进的两项关键活动是什么？
4. 简述 5W2H 法的应用程序。

实践与实训

指导：

本单元主要介绍了质量和管理的有关内容，现在，请大家把学到的知识和信息都整理到一起，对自己实际工作中涉及的质量管理问题进行思考。

本实践与实训包括以下两个部分：

1. 回顾、归纳和总结本单元各章所使用的方法和措施；
2. 完成一份质量改进的行动计划。

第一部分

列出本单元各章使用过的方法和措施，分成以下各类，如质量标准、客户需求、解决问题的技术、性能指标、质量改进策略等，并将其填入下表。

方法和措施归纳表

所属章节	所属类别	改进的方法和措施
第16章　质量与质量管理		
第17章　质量导向——客户需求		
第18章　质量与运营		
第19章　质量改进策略		

第二部分

请从你列出的方法和措施中选出 2~3 条你认为在自己的工作中可以合理实施的、主管经理有可能批准的方法和措施，并将其填入下表。

质量改进行动计划表

编号	改进的方法和措施	应用于何处	所需资源（人员或物质资源）	完成时间（年/月）
1				
2				
3				

记住，要定期向主管经理汇报执行的情况。

总结：

经过学习和实践后，如果事实证明这样做是成功的，并且取得了一些改进，那么你就可以重新返回到质量改进行动计划表中，争取做出更多的改进。

单 元 测 试

一、单选题

1. 柯明是一家公司的总经理,属于他的外部客户的是( )。
   A. 下属　　　　B. 其他部门经理　　C. 上级领导　　　D. 供销商

2. 某公司为了更好地满足市场的需求,在网站上推出了一份在线市场研究调查表。由此可见,该公司确认客户需求的方式是( )。
   A. 问卷调查　　B. 电话访谈　　　　C. 当面交谈　　　D. 观察

3. 确认客户需求最好的方法是问他们本人,通常不会采用的方式是( )。
   A. 问卷　　　　B. 当面交谈　　　　C. 主观推断　　　D. 普遍调查

4. 宝洁公司为了了解其各种洗发产品的受欢迎程度,向购买者发放调查表并回收调查表进行分析。这种确认客户需求的方式是( )。
   A. 电话访谈　　B. 观察　　　　　　C. 问卷调查　　　D. 当面交谈

5. 小孙是一家公司市场部的员工,在一次主题为"关心客户"的活动中,有个客户问了他一个不属于他负责、他也不懂的技术问题,这种情况下,他最合适的回答是( )。
   A. 这不属于我负责　　　　　　　　B. 这和我无关
   C. 技术问题不要问我,找别人去　　D. 请您稍等,我找技术部的同事帮您解答

6. 客户关系管理是用于满足客户需求的一种方式,关于这一概念及其优缺点,说法不正确的是( )。
   A. 客户关系管理的目的在于集成所有与客户相关的信息,包括与客户接触的历史资料、客户选择偏好等
   B. 客户关系管理有助于企业有效地确定商业战略、市场运作等决策
   C. 客户关系管理系统的优点在于成本低
   D. 客户关系管理主要依赖新技术,通过信息技术的应用满足客户的需求

7. 王经理刚被任命为公司客户服务部的经理,他想通过客户关系管理(CRM)来满足客户需求。不属于CRM优点的是( )。
   A. 增加满足特定客户需求的能力　　B. 更好地运用组织所掌握的信息
   C. 建立的CRM系统所需的软件系统很庞大　　D. 加快对客户的响应时间

二、案例分析

> 新加坡航空公司是一家在全球范围内享有良好声誉的航空服务公司。尽管规模不算太大，但公司赢得了广大乘客的称赞，其根本原因在于，公司强调服务客户，强调无论如何都应该以客户需求作为经营和管理的出发点。
>
> 在客户服务方面，公司向相关部门定期提供简报。例如，《非常时刻》是针对所有的机内人员，包括舱内和驾驶舱人员的一份简报；《高基点》是特别为地面服务人员提供的一份简报。《非常时刻》每个月发行一次，简报的目标是使8 000名机内人员了解航空公司最近为乘客们所做的一切。简报注重报道团队合作、最近出现的问题和解决情况以及上个月的活动资料等。
>
> 据该公司专家介绍："我们采用多样的、系统的方法来获取乘客的信息。每季度对乘客进行调查，并且和一些常客进行小组集中讨论。如果我们收集到了一些投诉，我们能够迅速地解决它们，记录下来并把信息反馈给相关人员。如果我们收集到了表扬，也会将其记录下来并通过简报等形式进行宣传。"
>
> "有时，我们通过《优先》杂志，一个不定期向乘客发行的刊物，来获取乘客对新构想的反应。最近，我们欲安装移动应用程序来完善我们的电话登记系统，对此我们正在征求旅客的信息反馈。"

根据以上案例，回答以下各题。

1. 新加坡航空公司强调服务客户，强调无论如何都应该以客户需求作为经营和管理的出发点，这种做法体现了质量管理的（　　）原则。

    A. 以客户为中心　　　　　　　　B. 产品特性
    C. 领导作用　　　　　　　　　　D. 改进

2. 质量无论对于顾客还是企业都是永恒的话题，关于质量的说法正确的是（　　）。

    A. 好的质量会增加企业的成本，因此企业不必太多地考虑质量问题
    B. 只要满足用户的期望值，就算达到了质量要求
    C. 质量不仅体现在产品上，还体现在服务上
    D. 品牌的产品必然有质量保证

3. 公司为了在客户服务方面不断完善，通过简报的形式向公司各部门传递关于公司和顾客的信息，不仅有针对机内人员的《非常时刻》，还有特别为地面服务人员提供的《高基点》，这体现了质量管理中的（　　）原则。

    A. 互利的供应链关系　　　　　　B. 全面参与

C. 基于事实的决策方法　　　　　　D. 优良的品质

4. "有时，我们通过《优先》杂志，一个不定期向乘客发行的刊物，来获取乘客对新构想的反映。最近，我们欲安装移动应用程序来完善我们的电话登记系统，对此我们正在征求旅客的信息。"对这样的做法，正确的评价是（　　）。

　　A. 这样的做法固然可以，但没有多大的实际意义
　　B. 旅客反馈的信息不会影响公司的决定
　　C. 公司内部的管理行为没有必要征求外部客户的意见
　　D. 该航空公司即使在细节问题上也照顾到了客户的需求

5. 新加坡航空公司之所以享有良好的声誉，是因为其对质量的重视，质量的三个要点是（　　）。

　　A. 品质优良的标准、产品特性和客户需求
　　B. 品质优良的标准、产品特性和产品价格
　　C. 品质优良的标准、客户需求和公司规定
　　D. 产品价格、产品特性和客户需求

扫描二维码，查看参考答案

第 VI 单元　项目管理

　　大多数团队领导者在他们的职业生涯中都会承担一些特定的项目任务，这些项目任务可能需要他们进行深入的调查研究，或设计一些更好的工作程序，也可能需要他们引入一些新的处理手段和方法。项目常常与如何通过革新和改善手段、方法来更好地开展相关工作有关。因此，对项目进行有效管理，就有可能开辟新的方向并且将工作向前推进。这也是项目推进的动力所在。

　　在本单元中，你将学会如何设计和管理一个项目，以及能用来计划和控制项目的工具和方法。本单元采用了多个项目范例做说明，在对这些项目的跟进学习过程中，你将会看到这些工具和技巧是如何被应用的。本单元结束时，你将学会如何有效地管理自己的项目。

项目管理

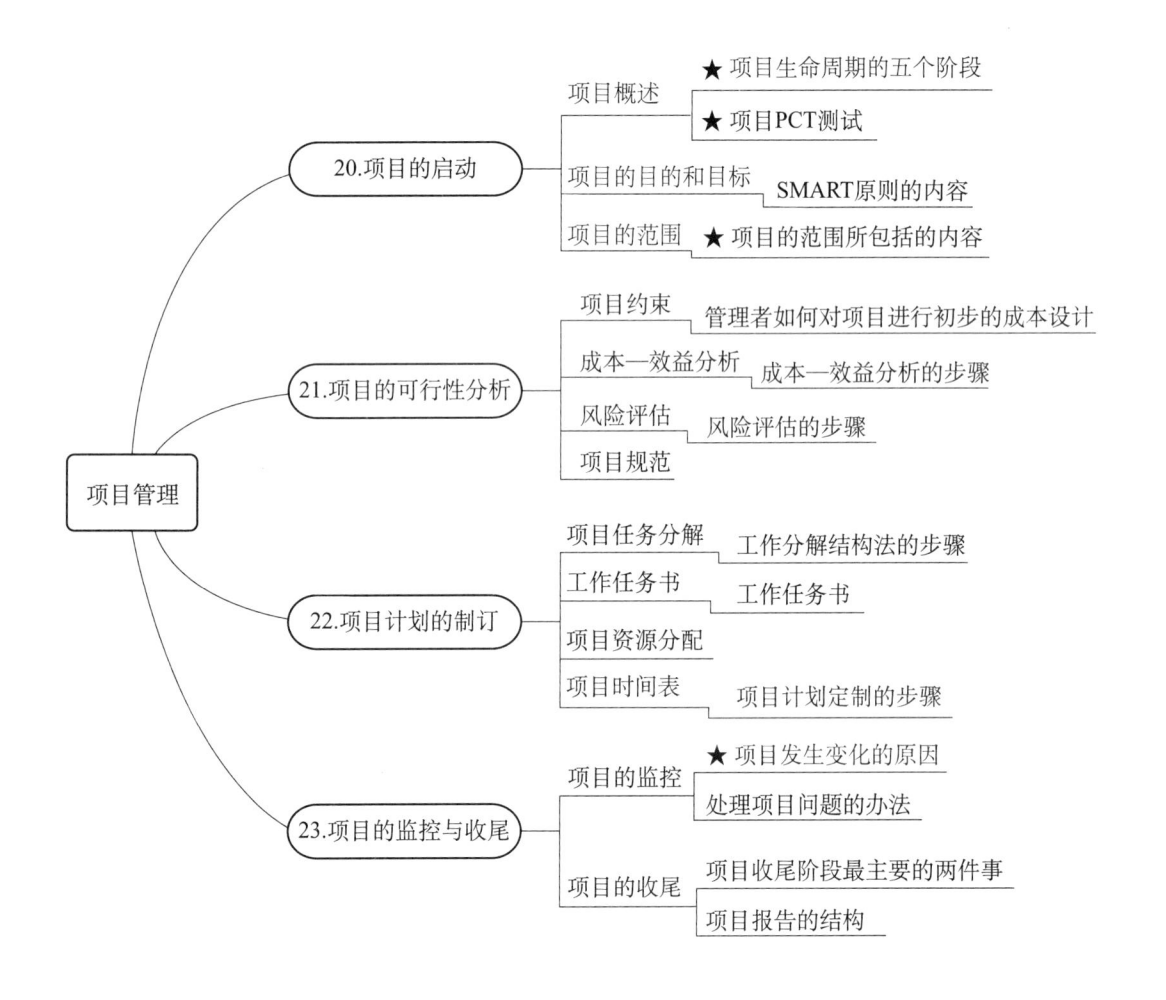

- **20. 项目的启动**
  - 项目概述
    - ★ 项目生命周期的五个阶段
    - ★ 项目PCT测试
  - 项目的目的和目标
    - SMART原则的内容
  - 项目的范围
    - ★ 项目的范围所包括的内容

- **21. 项目的可行性分析**
  - 项目约束
    - 管理者如何对项目进行初步的成本设计
  - 成本—效益分析
    - 成本—效益分析的步骤
  - 风险评估
    - 风险评估的步骤
  - 项目规范

- **22. 项目计划的制订**
  - 项目任务分解
    - 工作分解结构法的步骤
  - 工作任务书
    - 工作任务书
  - 项目资源分配
  - 项目时间表
    - 项目计划定制的步骤

- **23. 项目的监控与收尾**
  - 项目的监控
    - ★ 项目发生变化的原因
    - 处理项目问题的办法
  - 项目的收尾
    - 项目收尾阶段最主要的两件事
    - 项目报告的结构

★代表该部分是案例重点考核内容

扫描二维码，学习本单元概况

第 20 章　项目的启动

学习目标
1. 了解项目的含义和特征；
2. 了解如何确定项目的目的和目标；
3. 掌握项目团队的有关内容；
4. 掌握项目 PCT 测试；
5. 掌握项目范围所包含的内容；
6. 重点掌握项目的生命周期。

学习指南

项目管理是一个范围比较大的概念。由于市场的快速变化，当前企业中越来越多的工作都可以纳入项目管理的范畴。本章将会介绍项目管理中的几个基本概念，如项目、项目管理、项目的生命周期、项目团队、项目 PCT 测试等。

关键术语

项目与项目管理　项目的生命周期　项目团队　项目 PCT 测试　项目的目的和目标　项目范围　项目里程碑

20.1　项目概述

20.1.1　项目的含义与特征

大多数时候，无论是在家里、学校还是在工作场所，我们都可能被卷入"项目"（Project）中。我们可能对住所附近的社区场馆改造项目很熟悉，或对运动设施修缮项目很熟悉，也可能参与到全国或世界范围的项目中，如开挖运河、建立宇宙空间站等。

所有这些项目是否有共同点？共同点又是什么呢？

步骤与方法　**项目的特征**

无论是家庭项目、学校项目、工作项目还是其他项目，项目一般都会具有如下特征：

- 具有一次性的特征；
- 有明确的开始和结束的时间点；
- 有交付结果；
- 需要使用资源；
- 按照顺序开展工作；
- 需要时序安排；
- 具有特定目的和目标。

从项目的特征来看，我们可以对项目进行初步的定义：项目是具有一系列特征的暂时性活动，这些特征包括：一次性、有明确的开始和结束的时间点、有交付结果、需要使用资源、按照顺序开展工作、需要时序安排、具有特定的目的和目标等。而项目管理可以定义为：计划、组织和控制资源（人员、设备和原材料），使其满足项目各方面的要求。

即使是"在花盆里种花"这样简单的项目都具有上述特征。在这里，"特定的"这个词很重要。例如，一个项目具有特定的目的，要花特定的时间，涉及特定的任务，使用特定数量的资源等。就工作性质而言，项目管理与一般的日常管理是不一样的。

20.1.2 项目的生命周期

一个项目一定有开始和结束的时间点，并且会涉及许多特定的任务，这些任务就是所谓的"项目的生命周期"的组成部分。也就是说，它们是一个总的、顺序展开的一系列事件或阶段的组成部分。对这些阶段的管理，便构成我们所谓的项目管理。项目的生命周期可以划分为五个阶段。

步骤与方法 项目生命周期的五个阶段

项目的生命周期可以划分成以下五个阶段，如表 20-1 所示。

表 20-1 项目生命周期的五个阶段的内容

阶段	内容
阶段一：项目启动	产生项目的想法，为编制"项目规范"进行初步的策划
阶段二：项目的可行性分析	在确定项目规范之前，详细地考虑所需要的资源，以便进行项目的可行性分析
阶段三：项目计划的制订	如果项目是可行的，进一步细化任务、人员、资源和时间的安排
阶段四：项目的监控	一旦项目被实施，要确保项目的进展按照计划进行，任何偏离计划的问题都需要及时处理
阶段五：项目的收尾	项目必须用正确的方式结束，需要撰写项目总结报告

在项目的实际执行过程中,某些阶段会交错出现,如项目的启动阶段可能会涉及初步的项目可行性分析,一个经验丰富的项目经理会依据实际情况进行调整。

本单元第 20 章至第 23 章将介绍项目生命周期的每一个阶段,其中阶段四和阶段五将在同一章中进行讨论。

下面的训练与练习将帮助你快速熟悉项目生命周期的五个阶段。

训练与练习　项目的五个阶段

问题：
回顾你最近经历的项目活动,思考它们是否包含了项目生命周期的五个阶段。

总结：
即使是简单的项目,如组织一次为慈善事业筹集资金的花卉义卖活动,也包含了这五个阶段,具体内容为：

○ 阶段一——召开小组讨论会,讨论以下议题：在哪里举办这次活动?目的是什么?如何解决停车问题?

○ 阶段二——考虑该活动的成本问题：是否提供点心?门票的价格是多少?展板和广告的成本是多少?

○ 阶段三——确定工作小组的组成人员：管理组织者、服务人员(如提供点心的人),以及安装展板和设计广告的人等。

○ 阶段四——确保展会当天能够顺利进展的措施：停车场不要拥堵、有足够的点心,以及保证每个人都对工作的安排感到满意等。

○ 阶段五——活动总结：募集到多少钱、下一次如何做得更好等。

20.1.3　项目团队

项目的参与者组成了项目团队,项目团队是项目管理的另一个重要方面。项目团队成员不仅指那些直接从事项目工作的人,还包括其他对于该项目的成功起到重要作用的参与者。项目团队中各参与者的工作角色都不是互斥的,有时候,某个人可以扮演多种角色。项目团队中各参与者的工作角色与职责,如表 20 - 2 所示。

表 20 - 2　项目团队中各参与者的工作角色与职责

参与者	角色	职责
项目发起人	开始发起该项目并提供较高层次的授权的人	1. 在组织、客户和项目经理之间起重要的联系作用 2. 提供特定资源 3. 批准项目的规范和计划

续表

参与者	角色	职责
项目经理	负责项目运作的人	1. 编制项目的规范和计划 2. 激励团队的工作 3. 监督和控制项目计划 4. 与项目关系人进行沟通
团队成员	完成指定任务的人	1. 按照时间表的规定完成指定的工作 2. 与其他的团队成员一起工作并保持联系
顾客	可以从项目中得到益处的内部或外部的人	1. 帮助确定项目的目标并评估其价值 2. 对项目的定义提供意见
供货商	为项目提供资源的人	1. 按协商一致的价格和时间提供货物 2. 帮助项目经理开展工作
项目关系人	上面所提到的人、任何受到该项目影响的人以及与该项目有利益关系的人	在项目的各个阶段提供反馈意见

现在，我们根据项目的新特色，给项目再下一个定义：项目是具有一系列特征的暂时性活动，这些特征包括一次性、有明确的开始和结束时间点、有交付结果、需要使用资源、按照顺序开展工作、需要时序安排、具有特定的目的和目标、涉及项目团队等。

通过下面的训练与练习，你可以熟悉项目团队成员的工作角色。

训练与练习　工作角色

问题：

回顾任何你已经做过的作业中所列出的项目，其项目团队的组成情况是怎样的？检查一下，看看是否包括表20-2中所列出的角色？你们是如何发挥好项目团队中不同工作角色作用的？

总结：

通过对这个问题的思考，你可以了解到项目团队中一般需要什么类型的工作角色。另外，即使是那些由一个人来承担的项目，也需要其他人的参与。例如，要有人来发起该项目，要有人来提供资源，要有项目的受益者。

20.1.4　项目 PCT 测试

项目 PCT 测试是指绩效（Performance）、成本（Cost）和时间（Time）测试，如图 20-1 所示。在通常情况下，大多数项目进行 PCT 测试往往不容易通过，或因绩效不佳，或因成

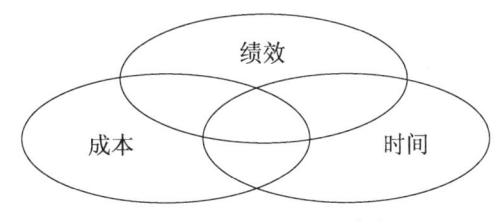

本超支，或因时间拖延。出现其中任何一种情况，都会影响其他因素。绩效不佳意味着时间的增加，而时间的增加就意味着更多的花费，成本的增加意味着得到的结果并非物有所值。

图 20-1　项目 PCT 测试

项目不能通过 PCT 测试的原因是什么？下文给出了其中的一些原因。

步骤与方法　项目不能通过 PCT 测试的原因

- 项目的目标太大；
- 项目的定义、计划、组织和运作较差；
- 项目缺乏控制；
- 组织机构的规范妨碍了项目的执行，如预算和其他资源没有到位，或者政策上的因素可能会影响一个项目；
- 供应商的问题，如没有交货，或者延迟交货，或者所交货物不符合规范；
- 未预测到的事情影响了项目的完成，如 2020 年全球发生的"新冠肺炎"疫情。

这些问题意味着项目具有风险，在缺乏适当的分析、计划、组织、实施和控制的情况下，风险就会大得多。

通过对项目进行风险分析、组织和计划，就能按照绩效的标准，按时、保质并且在预算之内完成该项目，从而通过 PCT 测试。

下面你将会了解项目经理进行项目管理需要掌握的基本技能。

步骤与方法　项目管理的基本技能

项目管理会涉及工作活动、资源使用、人员安排、规范制定和风险评估等多个工作环节，一个合格的项目经理需要具备以下技能：

- 资源的计划、组织和管理能力；
- 时间管理能力；
- 分析能力；
- IT（信息技术）处理能力；

- 融资能力；
- 解决问题的能力；
- 沟通能力；
- 激励他人的能力；
- 团队合作的能力。

下面的训练与练习可以使你深入理解和体会有关项目管理的知识。

训练与练习 项目进展情况

问题：

有两个项目，一个进展良好，另一个出现了问题。假设这两个项目都来自你的组织或部门，请思考：项目出现了问题是因为计划和组织不周吗？是因为野心太大吗？是因为对于风险的分析不够吗？是因为出现了没有预料到的情况吗？是因为没有注意和留心相关情况吗？请填写表20-3。

表 20-3　项目进展情况

内容	项目	
	进展良好的项目	出现问题的项目
项目名称		
哪些方面进展得好或不好		
得到的经验、教训		

总结：

这个练习非常有助于你未来对项目进行管理。进展良好的项目一般都注意到了表20-3中这些内容。

20.2　项目的目的和目标

项目的目的和目标一起被称为一个项目的"可交付的成果"。

20.2.1　项目的目的

○ 每个项目都起源于某个原因，这个原因就是初步的想法，或者叫"期望"。这个想法可能来自客户（组织内部或外部即将获得利益的人），也可能来自项目的发起者（如主管经理）。许多想法因为明显属于"做梦"，或者由于条件的限制无法实现而不能成为项目。为了实现期望，我们要做的第一件事情就是明确目的。目的表达了该项目将要交付的东西，例如：

(1) 提供新的产品和服务；
(2) 完成一个新的计算机系统；
(3) 采用按照绩效确定工资的方法；
(4) 改变工作场所的布局。

○ 目的也体现了项目应该得到的结果，例如：

(1) 新的产品和服务；
(2) 新的计算机系统；
(3) 按照绩效确定工资的方法；
(4) 新的工作场所布局。

案例与讨论　确定项目目的

> 蒙赛斯公司是一家在全国多个地方销售汽车零件和辅助用具的公司。管理者希望塑造一家没有工伤事故的公司，使全体员工不发生健康和安全问题。因此，旨在避免员工发生事故并保持健康的"百分百"计划应运而生，其可交付的成果之一就是编制针对全员的健康和安全手册。该手册说明了危害、风险和对它们的控制，以及如何遵守公司的规范和遵守法律要求等问题。
>
> 问题：
> 该项目的目的是什么？
>
> 总结：
> 该项目的目的是，在时间和预算的限制之内，编制一本手册，清楚地解释员工应当如何避免事故和保持健康。有了目的就有了方向，公司的管理人员就知道要达到什么结果。

20.2.2　项目的目标

目标是用来更加详细地说明目的，它更加具体。在制定项目目标的时候应遵循 SMART 原则，下面是对 SMART 原则的具体解释。

步骤与方法　SMART 原则

○ 明确的（Specific）——目标明确；

○ 可测的（Measurable）——目标可以定义和测量；
○ 可实现的（Achievable）——目标具有挑战性并兼顾现实可行性；
○ 相关（Relevant）——目标与其他目标具有相关性；
○ 有时间约束的（Time-related）——目标有截止或结束日期。

更多资料参见"个人与团队管理"课程。

下面是蒙赛斯公司的"百分百"计划中编写健康和安全手册项目的目标。请特别注意它们是如何使目的更加具体的。

案例与讨论　蒙赛斯公司项目的目标

在20.2.1的案例中，蒙赛斯公司项目的目的是，在2020年6月前，在时间和预算的限制之内，编制一本手册，清楚地解释员工应当如何避免事故和保持健康。该手册包括：

（1）蒙赛斯公司可能存在的健康和安全风险，以及如何防范的相关信息；
（2）与健康和安全相关的法律，以及蒙赛斯公司的健康和安全规范；
（3）健康和安全专家的联系方式。

问题：
用SMART原则分析该项目目标。

总结：
针对上述目的，可采用SMART目标分析法进行如下分析：
（1）在项目的第一阶段采用调查表调查的方法，确保该手册能充分反映公司全体员工和其他项目关系人的意见；
（2）进行初步的成本—效益分析，满足预算和资源的需求；
（3）设定项目里程碑，以保证项目按照时间表进展；
（4）确保团队中的所有成员完成在计划中担负的责任和指定的任务；
（5）确保蒙赛斯公司所有员工在2020年6月得到这本手册。

你可能会从客户或者主管经理那里得到项目的目的和目标，或者可能自己来设计这些目的和目标。无论如何，这些目的和目标都需要得到项目参与者的同意。与项目参与者的沟通工作从项目启动时开始，并且要贯穿项目的整个过程，这对于项目的成功是至关重要的。后文将更加详细地讨论这种沟通工作。

下面这个训练与练习可以让你通过自己的亲身经历了解项目的目的和目标的重要性。

第 20 章 项目的启动

训练与练习　项目的目的和目标的重要性

问题：

请回顾你曾参与的组织或部门的项目，回答下列问题：

（1）该项目具有恰当的目的和目标吗？

（2）给出项目的目的和目标后，对于理解该项目起到了多大的作用？

（3）恰当的目的和目标能够在多大的程度上使得该项目更加容易进行？

总结：

目的和目标能够让你更加详细地确定你打算要做的事情，它们会给你一个"聚焦点"。

20.3　项目的范围

项目的范围是指：

○ 该项目将涉及谁以及什么事情；

○ 该项目将花多长时间完成；

○ 该项目将需要谁加入其中；

○ 该项目需要什么资源。

实际上，在形成项目的目的和目标时，我们已经讨论了项目的范围。请注意，在蒙赛斯公司的案例中，该公司项目目的的表述是"在预算和时间的范围之内，编制一本手册"。

20.3.1　项目关系人

在项目的范围中，"该项目涉及谁"中的"谁"指的是所有会从该项目中得到好处的人。包括你所在部门的人、整个单位的人、你自己或者顾客等，这些人都可能成为项目的关系人。

在蒙赛斯公司的案例中，项目的顾客是全体员工（包括承担该项目的成员）。作为客户，他们的看法是很重要的，这就是为什么该项目的目标之一是要确保手册反映蒙赛斯公司全体员工和其他利害项目关系人的意见。

此外，在项目的范围中，"该项目涉及什么事情"中的"什么事情"指的是可交付性成果——项目的目的和目标。蒙赛斯公司为了实施"百分百"计划，通过编制健康和安全手册来避免员工发生事故和保持健康。当然还可能有其他的创意，但是编制手册是方法之一，也是可交付性成果之一。

20.3.2 项目时间

由于时间就是金钱,所以时间是项目管理的关键问题。正确地确定时间表是非常重要的,但是要做到这一点却很不容易,因为会有许多事情无法预测,如团队成员生病了,物资濒于耗尽;或者是法律规章方面的问题,如建筑物要得到规划部门的批准等。但是,时间表至少可以给你一个相对的计量标准。如果项目进展的速度比预料的快,你就可以应付一些问题,如当某个任务让你花费了比预计要少的时间,你就有了补救的余地。

<u>步骤与方法</u>　设定项目里程碑

设定项目里程碑是制定项目时间表的有效方法,这种做法可以帮助你有序推进计划。项目里程碑就是一个项目的主要阶段点,它给出一个假定性的日期,标志该阶段的完成。下面就是蒙赛斯公司"百分百"计划项目的里程碑:

- 阶段一:分析和规范——2019年9月到10月;
- 阶段二:资源计划——2019年11月;
- 阶段三:成立编辑小组并布置工作——2019年12月到2020年1月;
- 阶段四:设计和编写手册——2020年1月到3月;
- 阶段五:印制手册,并且结束项目——2020年5月。

20.3.3 项目参与人

作为管理者,应该考虑这些问题:谁将成为该项目的核心成员?参与该项目团队的最佳人选是谁?谁能够参与该项目?团队成员的平衡是十分重要的,管理者当然希望参加的人员能够与其他的人协调一致地开展工作,将自己的技能与团队需要的技能结合起来。

同时,项目的发起人又该如何安排呢?或许项目的发起人已经有了,如主管经理发起了该项目;或者你需要请另外一个人,如高层人士,来担当这个角色,这对推动你的项目有很大帮助。另外,管理者还应该考虑:需要从外部得到哪类专家的意见,谁能够提供这类专业建议。

<u>步骤与方法</u>　项目参与人的态度

对管理者而言,项目参与人都是潜在的支持者或反对者,他们可能有能力善意地或恶意地影响其他人的观点。管理者需要对"不同的项目参与人对该项目的影响"进行评估,并且找出限制这种阻力的方法。不管是支持的力量,还是反对的力量,都要小心对待。项目的潜在支持者是非常宝贵的资源,如果无法改变反对者的态度,就要设法使他们的影响不发生作用。例如,培植适当的联盟,或者进行清楚而公开的沟通都是不错的选择。

○ 要想搞清楚项目参与人对于该项目的态度，管理者要问自己：
（1）如果该项目成功了，谁会从中得到好处？
（2）谁会感受到该项目的过程或结果的威胁？
（3）谁会公开地或隐蔽地支持或反对该项目？
○ 管理者还可以问：
（1）项目参与人怎样影响该项目的成功或失败？
（2）项目参与人施加影响的程度会如何？
注意：
○ 项目的成功与否与项目参与人的配合程度密切相关，所以要增强项目参与人的职业责任，使他们尽快熟悉业务，互相配合；如果你不理睬项目参与人的话，就会有风险。
下面的案例与讨论将帮助你理解项目团队组成与项目参与人的概念。

案例与讨论　项目团队的建设

亚伦是蒙赛斯公司健康和安全手册项目的项目经理。项目团队由亚伦、安东尼、艾伯特、珍妮组成，比伯是项目发起人。由于蒙赛斯公司内部没有设计和撰写此类手册的专家，所以必须聘请外面的专业人士，印刷工作也要由其他单位来承担。

该项目的项目参与人包括项目团队、项目发起人、雇员、健康和安全委员会，还包括撰写和印刷手册的人。比伯是主要的项目参与人，因为他是这个"百分百"计划——健康和安全手册项目的发起人，并且十分关注该项目的实施是否可以有效减少事故。工会也是如此，完全支持该项目。其他的项目参与人还包括公司的保险商以及法律顾问，因为该项目对于保险金的支付数量有影响，而法律顾问必须确保该手册符合健康和安全方面的法律要求。还有一两位部门经理，他们虽然是项目参与人，但实际上并不赞成该项目，他们认为关注员工的健康和安全问题是浪费时间和金钱。

问题：
如何避免项目团队中出现反对项目进行的成员？

总结：
在实际工作中，不是先有项目团队，再去了解项目内容；而是根据项目特征搭建项目团队，需要把来自不同专业和领域的个体按特定模式组织起来。组织的人员需要对项目目标做到一致认同，只有对项目目标达成统一共识，才能形成一个具有凝聚力的整体。因此蒙赛斯公司的项目经理首先要做的就是打破隔阂，统一目标。

20.3.4 项目所需资源

项目所需资源包括：时间、人员、信息、物资和金钱。

如果没有这些资源，项目就无法进行下去。前面已经介绍了时间和人员，而信息指的是为了成功地完成项目，我们需要知道些什么。例如，对于蒙赛斯公司的健康和安全手册编写项目而言，需要的信息包括以下方面：

- 员工对健康和安全的看法；
- 为了实施该项目，需要哪些人参加；
- 时间的限制；
- 谁来编写和印刷手册，成本是多少。

当然，最重要的资源应该是金钱，所有其他的资源——时间、人员、信息和物资，都需要花费金钱。因此，管理者需要考虑项目的资金从哪里来。许多小规模或中等规模的项目可能从公司的预算中得到资金，而一些大规模的项目则需要从银行或金融机构那里进行融资。继续以蒙赛斯公司健康和安全手册编写项目为例，该项目所需资源有：

- 材料和设备资源：计算机和打印机、项目软件、印刷材料、会议室、编写和印刷手册的工具。
- 资金资源：从本年度的预算中为项目拨出专门的资金。

综合本章所学，完成以下训练与练习，练习中的项目可以是前面研究的蒙赛斯公司的项目，也可以是你亲身经历的其他项目。

训练与练习　项目启动

问题：

(1) 项目将涉及什么人和什么事情？

(2) 项目将花多长时间？里程碑是什么？

(3) 什么人将参与项目？他们的利益和他们对项目的影响是什么？

(4) 需要什么资源？（不包括成本估计）

总结：

对于项目而言，人、财、物是资源，时间、成本、质量是要求。这两个层次的问题相互关联，而项目的定义也无非是这些问题的综合。

延伸与拓展　OKR 工作法

OKR（Objectives and Key Results）即目标与关键成果法，是一套明确和跟踪目标及其完成情况的管理工具和方法，由英特尔公司创始人安迪·葛洛夫（Andy Grove）发明，后来在谷歌等企业广泛使用。2014 年，OKR 传入中国。2015 年后，百度、华为等企业都逐渐使用和推广 OKR 工作法。

制定 OKR 的基本方法：首先，要设定一个模糊的"目标"（Objective），这个目标不必是确切的、可衡量的，例如"客户数量出现增长"；然后，设定若干可以量化的"关键结果"（Key Results），用来帮助自己实现目标，例如"提供更丰富的产品"或者"招聘更多的营销人才"之类的具体目标。OKR 可以在整个组织中共享，这样团队就可以在整个组织中明确目标，帮助协调和集中精力。

OKR 制定原则：

1. 所有的 OKR 要可量化（时间 & 数量），比如不能说"营业额要天天有增长"，而应说"在本月营业额增长五十万元"。

2. 目标要有野心，要有一些挑战性，有些让你不舒服。一般来说，总分为 10 分的评分，达到 6~7 分是较好的了，这样你才会不断为达到目标而奋斗，而不会出现期限不到就完成目标的情况。

3. 每个人所有的 OKR 在全公司都是公开透明的。比如每个人的介绍页里面就放着他们所有的 OKR 的记录，包括内容和评分。

OKR 涵盖企业、项目组、个人，每个季度和年度都有 OKR，并保持这样一个节奏。在谷歌，上至 CEO 下至每一位基层员工，所有人的 OKR 都是对内公开的，所有人都能在员工名录上查到任何一位同事当前的 OKR 和以往的 OKR 评分。OKR 的公开化有助于谷歌员工了解同事的工作——例如，克劳负责某网站主页时，有些同事可能想在该网站上放一段产品推广视频，这时候他们可以查看克劳的 OKR、了解一下他在当季度的工作，从而判断该如何与这个网站的团队协商这件事。

——资料改编自：沃特克. OKR 工作法：谷歌、领英等顶级公司的高绩效秘籍［M］. 明道团队，译. 北京：中信出版社，2017.

本章小结

本章首先从项目概述入手,介绍了项目生命周期的五个阶段,并且对项目PCT测试进行了重点描述;接着明确项目的目的,用SMART原则评价项目的目标;最后对项目范围所包括的内容做出了解释,涵盖了整个项目启动的内容。

思考与练习

1. 项目的生命周期包括哪几个阶段?
2. 项目不能通过PCT测试的原因有哪些?
3. 项目的范围是指什么?

第 21 章　项目的可行性分析

学习目标
1. 了解成本、成本计算、成本分析的概念；
2. 掌握风险评估的方法；
3. 掌握如何编制项目规范；
4. 重点掌握成本—效益分析的方法。

学习指南

在第 20 章中，我们学习了项目管理的基本知识和项目管理的第一步工作——启动项目。在本章，我们将介绍项目管理的第二步工作——对项目进行可行性分析。在这一阶段，管理者需要更进一步地考察所需要的资源，分析它的成本、评估它的可行性（通过成本—效益分析和风险评估进行）以及制定项目规范。

关键术语

成本　成本分析　成本—效益分析　风险评估　项目规范　可行性分析

21.1　项目约束

项目的范围受到各种资源和其他约束条件的制约。

有时候，成本一旦确定，预算一经批准，款项就是固定不变的数额。在资源有限的情况下，项目运转需要满足预算的要求。如果成本超过了预算，而又无法得到更多的金钱，那么，就要限制项目的范围，或者将项目推迟到能够得到更多资金的时候再进行。继续以蒙赛斯公司健康和安全手册项目为例，遇到成本超过了预算这种情况时，公司可以缩小该项目的范围，也可以限制手册中的内容，以便压缩编写和印刷的成本。这是一个典型的 PCT 测试（内容详见 20.1.4 "项目 PCT 测试"介绍），是为了成本而牺牲绩效，还是为了绩效而付出成本？

21.1.1　成本和成本计算

对一个项目进行成本计算，就是要预计该项目需要付出怎样的成本代价。成本有直接成本和间接成本两种。直接成本是那些直接用于该项目的花费，如人员的工资、所提供的物品和服务等；间接成本是单位内部分摊到该项目上的费用，如租金、利率，以及共用设施和设备的使用费等。对于直接成本和间接成本的估算就是所谓的"全部成本计算"或"总成本计算"。仅仅对直接成本进行的估算，称为"边际成本计算"。

在实际操作过程中，管理者必须从财务部门那里了解项目是如何进行成本估算的，以便能够精确地计算出数字来。

21.1.2 成本分析

要确保项目切实可行，管理者有必要进行一些初步的分析。为了有效地开展这一工作，管理者需要做到以下几点：
- 估计一下需要多少人和多长的时间（包括外部的咨询服务）；
- 估计一下需要多少设备和设施；
- 确定计算成本的方法；
- 对资源进行成本计算，并进行加总。

案例与讨论　蒙赛斯公司项目成本分析

亚伦首先将目标分解为一些主要的任务，并设置项目里程碑，以便估计需要完成的工作量，这对于更好地把握团队的工作是很有必要的（该项目的日程表安排已经在第 20 章中确定下来了），更加具体的项目日程安排情况如表 21-1 所示。

表 21-1　项目日程表

里程碑	主要工作
阶段一：分析和规范	与发起人、健康和安全委员会成员举行会议，讨论项目
	分析项目的资源并进行成本估计
	针对手册的内容设计调查表，并发给员工
	整理信息和编制规范
	得到项目发起人和客户的批准
阶段二：资源计划	起草任务、安排人员和制订资源计划
	举行会议，给团队布置工作
	对手册的编写、印刷工作发出招标书
阶段三：成立编辑小组并布置工作	对投标书进行评估
	指定编写和设计小组
	设计和编写小组举行初次会议，布置工作任务

续表

里程碑	主要工作
阶段四：编写和设计手册	编写手册第一稿
	将完成的草稿发给主要的项目关系人
	与项目关系人举行会议，听取反馈意见
	设计和编写小组举行会议，提供来自项目团队的反馈意见
	从印刷商那里得到报价
	编写手册第二稿
	提供来自项目团队以及健康和安全委员会成员的反馈意见
	编写手册第三稿，并完成要求
	举行会议，最终批准草稿以及印刷的报价
阶段五：印刷手册，并且结束该项目	批准样本，并且印刷成册
	将手册发给每个员工
	撰写项目报告

因为亚伦已对工作进行了计划，所以他可以初步估计出项目团队的工作天数。项目工作时间分配情况如表21-2所示。

表21-2 项目工作时间分配表

项目团队成员	各阶段工作天数（天）					总天数（天）
	阶段一	阶段二	阶段三	阶段四	阶段五	
亚伦	20	20	3	13	4	60
安东尼	0	2	1	2	1	6
艾伯特	0	3	4	2	1	10
珍妮	0	2	1	2	1	6
全体成员	20	27	9	19	7	82

下一步，亚伦将估计项目所需要的资源，按项目里程碑划分工作阶段的好处又一次体现出来。亚伦对阶段一和阶段二的资源估计如表21-3所示。

表21-3 阶段一和阶段二的资源估计情况

项目里程碑	主要工作	所需物资
阶段一：分析和规范	与项目发起人、健康和安全委员会成员举行会议，讨论项目	会议室
	分析项目的资源并进行成本估计	计算机和项目软件、互联网、打印机和相关材料

续表

项目里程碑	主要工作	所需物资
阶段一：分析和规范	针对手册的内容设计调查表，并发给员工	计算机和项目软件、互联网、打印机和相关材料
	整理信息和编制规范	计算机和项目软件、互联网、打印机和相关材料
	得到项目发起人和客户的批准	无
阶段二：资源计划	起草任务、安排人员和制订资源计划	计算机和项目软件、互联网、打印机和相关材料
	举行会议，给团队布置工作	会议室
	对手册的编写、印刷工作发出招标书	计算机和项目软件、互联网、打印机和相关材料

至此，亚伦已经知道了他所需要的资源的多少，这样就可以对该项目的总成本进行估计了。但是，在成本估计之前，他还必须明确成本计算的方法。假设该项目使用边际成本的计算方法，那么就不需要考虑使用计算机、打印机和会议室的费用问题。虽然项目需要使用新的管理软件，但是这些软件还可以用于其他的项目，所以可将其成本摊入单位的总成本里面。表21-4以阶段一为例进行成本估计。

表21-4　阶段一的成本估计情况

估算	资源	
	人力资源	物力资源
参数	亚伦的工资为：380元/日，工作时间共计：20日	计算机和软件、互联网、打印机和相关材料
分析	380×20=7 600（元）	不计算成本
成本	￥7 600	￥0
总成本	￥7 600	

在这一阶段（阶段一），亚伦只考虑了人力资源和物力资源，这些都是间接成本。直接成本将体现在阶段四和阶段五的手册编写、样本制作和印刷等任务中。当亚伦计算出每个阶段的成本，再把它们加在一起，成本分析就完成了。请注意，在估计成本的同时，亚伦还应该更进一步地进行他的资源计划工作。

问题：

1. 成本估计的第一步是什么？

2. 如何能够更准确地估计团队的工作量？

3. 参照表21-1和表21-3，写出项目第三阶段到第五阶段的资源分配矩阵（工作表）。

总结：

本案例中使用简单的矩阵对需要计算的信息进行了分类。上面用来计算人力和物力资源成本的矩阵就是所谓的"责任矩阵"。你可以对自己参与的项目也采用这种矩阵进行分析，它对计划工作很有用处。第22章将继续介绍相关内容。

训练与练习　项目成本

请选择一个你实际参与的项目，通过使用各种矩阵和计算机成本计算处理软件，计算出项目的成本。在本练习中，只要求记下人力资源、物力资源成本的总数。

问题：

（1）项目成本将会是多少？

（2）存在哪些限制因素？

总结：

在你估计人力、时间、信息、材料和资金需要的时候，资源的限制（包括它们是否可以得到以及成本的大小）就会很明显地表现出来。但是，还有其他一些限制存在，如项目关系人施加的政治限制或经济限制等。你必须将所有这些限制都考虑在内，来准确确定项目的范围。

21.2　成本—效益分析

21.2.1　成本—效益分析的定义

所谓成本—效益分析，是对项目的成本以及它所能提供的好处进行比较。例如，蒙赛斯公司的健康和安全手册项目是"百分百"计划的一部分。因此，其好处主要在于能够减少因事故和职工健康问题而造成的成本增加，该成本可以通过责任矩阵表现出来。

21.2.2　如何进行成本—效益分析

步骤与方法　成本—效益分析的步骤

成本—效益分析的步骤如下：

- 第一步：创建一个两栏的表格，表头分别为"成本"和"效益"；
- 第二步：考虑方案中所有的成本和效益，并且记入表格中；
- 第三步：量化（用财务数字表示）成本和效益；
- 第四步：对量化后的成本和效益进行比较。

我们继续以蒙赛斯公司健康和安全手册编写项目为例，对成本效益一分析进行说明。亚伦认识到，该项目虽一次性支出成本，却每年都可获得效益。亚伦对该项目做的成本—效益分析，如表21-5所示。

表21-5 成本—效益分析表

成本	效益
团队成本 人员成本 编写成本 样本和印刷成本	降低保险费 降低员工生病的支出 降低产品和原材料的危害程度 减少设备的修理费用 提高生产率 减少员工的临时替换率 避免法院的罚金
￥241 500（一次性支出）	￥327 000（每年都会获得）

根据这个分析表，我们可以看出，该项目将在一年内完成并且见效，而且其效益每年都会获得，所以该项目是完全可行的。亚伦估计，按照当前的健康和安全成本计算，在今后3年里，公司在避免事故和保持健康方面的成本将平均减少70%。这个数字看起来已经很高了，但是项目发起人比伯要的是零事故率！亚伦也希望努力达到100%的要求，只是，这个健康和安全手册编写项目仅仅是减少事故和保持健康的许多措施之一，项目本身无法达到"百分百"计划的目的，还需要有其他可行的项目一起发挥作用。

下面的训练与练习将帮助你进一步掌握成本—效益分析方法。

训练与练习　对项目进行成本—效益分析

问题：

请对你参与的项目进行成本—效益分析。填写表21-6。

表21-6 项目成本—效益分析表

成本	效益
￥_____	￥_____

第Ⅵ单元　项目管理

总结：

将项目的成本和项目的效益进行比较，就可以得出初步的成本—效益分析，但很多时候，对效益进行量化并不容易。例如，健康和安全的工作场所可以为员工创造一种更加良好、宽松的工作气氛，这种工作氛围可以让员工体会到管理层对他们的关心，有利于改善工作关系。员工会主动地将这种改善表现在对客户的服务中和对待同事的态度上，最终也会对公司的赢利产生影响。

21.3 风险评估

前文介绍了考察项目可行性的成本—效益分析的方法，考察项目可行性的第二个方法就是进行风险评估，或叫作风险分析。

步骤与方法　风险评估的步骤

进行风险评估可遵循以下步骤：
○ 第一步：为项目列出一个"可能出现的问题"表。例如：项目没能在预定的截止日期前完成、项目结果不能令人满意、成本超过了预算、所需要的人员没有到位、总经理取消了该项目等。换句话说，列出各种可能出现的结果。
○ 第二步：按照列出的问题对项目所产生的影响程度，按 1~5 进行等级鉴定，1 代表最好的结果，5 代表最糟糕的结果。换句话说，对每一种结果的严重程度进行评定。
○ 第三步：对每一种结果的发生概率按 1~5 进行评定，1 代表非常不可能，5 代表非常可能。
○ 第四步：将严重程度与概率相乘，乘积代表每种情况的风险程度，即"结果的严重程度×概率=风险程度"。
○ 第五步：将得出的各个风险程度加在一起，然后把实际的总数与最大可能的总数（即可能的结果数×5×5）进行比较，两个值越接近，风险就越大。

下面的案例与讨论是蒙赛斯公司项目经理对其项目进行的风险评估。

案例与讨论　蒙赛斯公司项目风险评估

亚伦对其负责的"健康和安全手册编写项目"进行了风险评估，如表 21-7 所示。

表 21-7　蒙赛斯公司项目风险评估表

可能出现的结果	严重性	概率	风险程度
项目超过规定的时间	2	4	8
公司的政策导致该项目停止	5	1	5
资源的缺乏导致该项目延期或停止	4	2	8
供货商提供劣质货物	4	1	4
团队成员生病而影响该项目的进展	3	2	6
实际的总数	—	—	31
最大可能的总数	—	—	125

问题：

该项目的风险是否很大？为什么？

总结：

通过这个项目风险评估表，亚伦立刻认定这是一个风险不大的项目，因为从得出的数字上看，实际的总数与最大可能的总数的值并不接近，因此该项目风险较低。

通过下面的训练与练习，对自己参与的项目进行风险评估，掌握评估项目风险的技术。

训练与练习　项目风险评估

问题：

请使用适当的风险因素对你参与的项目进行风险评估。请填写表 21-8。

表 21-8　项目风险评估表

可能出现的结果	严重性	概率	风险程度
实际的总数	—	—	
最大可能的总数	—	—	

总结：

针对你的项目，评价它的风险程度，并且思考进行评估的因素是否合理。如果风险很高，则说明该项目的可行性不强，应当提请项目发起人和客户注意。

21.4 项目规范

在确定了项目的范围、成本和限制条件，并且确认该项目具有可行性以后，下一步就是把所有这些内容记录下来，这样，项目经理和客户就对该项目的轮廓有了一个清楚的认识。这就完成了项目的确定。

这个"记录文件"被称为项目规范、参考条款、概要文件或意向书，它也可以采用建议的形式，还可以作为项目经理和客户之间的合同。

步骤与方法　项目规范的内容

项目规范总结了到目前为止项目经理所做的所有工作，它确定了以下内容：
○ 项目的目的和目标；
○ 项目将涉及哪些人和哪些事情；
○ 谁将参与该项目以及人员的安排；
○ 可能要花多长时间——时间表（项目里程碑）；
○ 需要哪些资源，预算的分配和资源的成本是什么；
○ 可行性问题。

项目规范还可能包括以下内容：
○ 技术规范或设计规范；
○ 绩效标准——支持目标的其他要求，如质量标准；
○ 其他信息——对于支持该项目的论据的分析等。

下面的案例与讨论是蒙赛斯公司项目规范概要。

案例与讨论　蒙赛斯公司的项目规范概要

> **蒙赛斯公司的项目规范概要**
>
> 可交付的成果：
> 为所有员工编制一本32页的健康和安全手册，健康和安全委员会是这个项目的客户。
>
> 项目的目的：
> 在时间和预算的限制之内，编制一本手册，清楚地解释员工应当如何避免事故和保持健康。

项目的目标：

在 2020 年 6 月前设计和编制一本健康和安全手册，以反映蒙赛斯公司现在的情况。该手册应当包括以下内容：

○ 关于蒙赛斯公司内部存在的健康和安全危害以及如何对其进行控制的信息；

○ 关于健康和安全法规，以及蒙赛斯公司健康和安全政策的信息；

○ 关于如何联络健康和安全专家的信息。

注：为了确保该手册能反映蒙赛斯公司所有的员工和其他有关人员的意见，在项目的第一阶段采用问卷调查方式进行调查。

蒙赛斯公司的项目规范

1. 根据初步的成本—效益分析，满足预算和资源的需求，要求做到以下几点：

○ 确保项目按照里程碑所确定的时间表进行；

○ 确保项目团队中的每个人都完成在其工作任务书中所规定的任务和责任；

○ 确保蒙赛斯公司的每个人在 2020 年 6 月得到一本手册。

2. 项目里程碑和主要的任务。

○ 五个阶段大约需要持续 9 个月左右。我们已经考虑到了一些意外情况，如假期、其他的工作任务、实施过程中的延误等。

○ 基本的项目时间表请参看 [附录1]。

3. 人员安排。

○ 发起者——比伯；

○ 项目经理——亚伦；

○ 项目团队成员——安东尼、艾伯特、珍妮。

4. 资源、预算和预计的成本。

○ 项目的主要成本包括：内部项目团队（4 个人）和外部专业人士的编写成本、样本制作成本和印刷成本。预计的成本与拨给的预算略有偏差。

○ 资源和成本一览表请参看 [附录2]。

5. 设计规范。

○ 依据公司内所使用的文件和样本，利用 Microsoft Word 电子版本进行设计。

6. 印刷规范。

○ 使用公司的徽标排版，四号宋体字，左对齐；

○ 印制 250 本，A4 纸，双色印刷，32 页，内页使用 150 克有光铜版纸，封面使用 250 克有光铜版纸，装订成册。

7. 绩效标准。
- 项目达到目标了吗？
- 所有的阶段都按时完成了吗？
- 是否在预算范围以内？
- 客户的满意度如何？
- 符合设计和印刷规范吗？

8. 附录。
- [附录1]——项目时间表；
- [附录2]——资源和成本一览表；
- [附录3]——成本—效益分析；
- [附录4]——风险评估。

注：附录中的实际内容可能有10～12页，详细地记载了上面所提到的规范。

问题：
蒙赛斯公司项目规范的概要是否充分？还有需要补充的内容吗？

总结：
在项目规范形成以后，重要的是要把这些规范送交给项目发起人和客户进行批准，在项目经理进行下一步工作之前，项目发起人和客户有最后的决定权。

在对项目过程的第二阶段进行学习后，我们已经基本掌握了对项目进行可行性分析的方法。下面的训练与练习，可以让你把所学到的东西运用到实际参与的项目中。

训练与练习　项目规范

问题：
使用本章中的工具和方法，采用蒙赛斯公司案例中的项目规范要求，为你的项目编制项目规范。编制完成后，首先将项目规范送交项目发起人，然后送交客户，以得到他们的批准。你要准备对反馈的意见做出回应，并对你的项目规范做出修改。

总结：
如果项目不可行，要试着与项目发起人讨论，看一看有什么办法能够使它成为可行的。例如，用某种方法来限制它的范围。如果不得不重新开始另一个项目，也别泄气，因为你所学到的东西必定对你的下一个项目有所帮助。

本章小结

项目目标确定后,我们需要对其可行性进行细化研究,通过本章的学习,我们初步分析了项目所需成本,并且进行了成本—效益分析。我们还需对项目风险进行评估,编制项目规范文件,最终形成项目人员共同的行为准则。

思考与练习

1. 如何进行成本—效益分析?
2. 项目规范包含哪些内容?

第 22 章　项目计划的制订

学习目标
1. 了解分配项目资源的方法；
2. 掌握工作任务书的编写方法；
3. 掌握任务分解的方法；
4. 重点掌握编制项目时间表的方法。

学习指南

项目已经得到了批准，现在需要进一步计划细节。这是项目过程的第三阶段——项目计划的制订。本章将重点介绍如何分配任务、安排人员、分配资源和编制时间表，并且通过一些项目管理工具和方法来讲解如何制订项目计划。

关键术语

项目任务分解　工作分解结构法　工作任务书　资源分配　项目时间表　任务时间表

22.1　项目任务分解

项目里程碑的设定可以界定项目的几个主要任务。为了评估项目各阶段的成本，这样做是非常重要的，它可以更加精确地了解每个阶段的工作内容是什么以及如何进行人员分配。

在项目比较简单的情况下，可以参考项目工作的五个阶段，先列出工作的先后顺序，再设置里程碑，然后分解任务。但是，当项目任务非常复杂时，就需要使用工作分解结构法（Work Breakdown Structure，WBS）进行项目任务的分解。具体来说，工作分解结构法包括以下几个具体步骤。

步骤与方法　工作分解结构法的步骤

○ 看一下项目的各个里程碑，思考要想令人满意地完成每一个里程碑都需要做些什么，把需要做的事记下来，这就是主要的任务；

○ 然后看一下每个主要任务，同样，思考为了令人满意地完成每一个主要任务都需要做些什么，把需要做的事也记下来，这就是次一级的任务；

○ 继续这样分解下去，就列出了项目的所有任务；

○ 使每一项任务都处于正确的位置上，使用树形结构图或金字塔结构图来表示工作的分解结果。

工作分解结构法可以使我们形象地了解每一项任务在项目中所处的位置。我们可以手工画出这幅树形图，或者用计算机把它画出来。如果有专用的项目管理软件就更好了，通过简单操作，电脑就可自动完成画图。

我们继续以蒙赛斯公司健康和安全手册编写项目为例，介绍项目任务分解法相关内容。项目经理做的工作分解结构表，如表22-1所示。

表22-1 工作分解结构表

项目里程碑	关键任务
第一阶段：分析和规范	与项目发起人、健康与安全委员会成员举行会议，讨论该项目
	分析项目的资源并进行成本估计
	针对手册的内容设计调查表，并发给员工
	整理信息和编制规范
	得到项目发起人和客户的批准
第二阶段：资源计划	起草任务、安排人员和制订资源计划
	举行会议，给团队布置工作任务
	对手册的编写、印刷工作发出招标书
第三阶段：成立编辑小组并布置工作	对投标书进行评估
	指定设计和编写小组
	设计和编写小组举行初次会议，布置工作

工作分解结构法通常是按照目标—任务（里程碑）—工作（关键任务）—活动来细分的，活动通常指的是具体的行为，可以不列在表中。

案例与讨论　任务分解的交付成果

某手机生产商为了宣传其新款手机，由公司人员组建项目部并策划了一场新品发布会。具体工作分解如表22-2所示。

表22-2 新品发布会工作分解结构表

里程碑	关键任务
阶段一：主题策划	召集相关人员讨论发布会主题
	设计线上宣传页面风格及门票样式

续表

里程碑	关键任务
阶段二：对外宣传	筛选线上宣传渠道
	确定线下宣传渠道
	邀请媒体参会
阶段三：场地筹备	会场预订及物料制作
	布置场地
	会议 PPT 制作
	安排会务人员

项目经理在项目进行过程中发现，该工作分解表中，部分任务的最终交付成果为有形成果，如设计宣传页面及门票样式的交付成果为设计稿，会议 PPT 制作的交付成果为最终 PPT，会场预订任务需实际与会场签订使用合同。而有些任务的最终交付成果是无形结果，如发布会主题讨论、邀请媒体参会等。因为没有提前设定任务最终结果的形式，导致各个执行人交付成果不一致，有些成员只和媒体进行了口头约定，有些成员则以发送邀请函并取得回复为交付成果，这导致在最后统计媒体数量时，信息准确度降低。

问题：
在制定工作分解结构表时，如何应对无形交付成果的工作？

总结：
在制定工作分解结构表时，每项工作都应有其对应的有形交付成果。例如，讨论或会议，最终应形成文字版讨论结果。有多种交付形式的工作，如商务洽谈或嘉宾邀请，应有往来合作文件。尽量避免设置最终为无形成果的工作。

在下面的训练与练习中，试着将你参与的项目进行工作分解，从而掌握工作分解结构法。

训练与练习　工作分解结构法

问题：
使用工作分解结构法把你参与的项目分解为一些小的任务，使用自己的资源来做。如果可能，请使用文字处理软件、绘图软件或者项目管理软件。

总结：
工作分解结构法是将项目按照其内在的结构或实施过程的顺序进行逐层分解，并形成结构示意图。它可以将项目分解到相对独立的、内容单一的、易于成本核算与检查的工作单元。下面的要点提示将有助于你更高效地运用工作分解结构法：
- 如果我们完成了列出的所有任务，能实现所有的项目目标吗？
- 这些任务能够确保我们达到绩效目标吗？
- 我们的任务表反映了每一项目标吗？
- 我们是否已经详细地记下这些任务？
- 所有列出的任务都是必须完成的吗？

22.2　工作任务书

既然项目管理者已经确定了工作任务，那么，这些任务该由谁来做呢？这取决于团队成员的技能和经验，以及项目管理者希望给予这些人什么样的责任。

工作任务书（Statement of Work，SOW）是一种确定工作分配的行之有效的方法。它建立在对项目进行了项目任务分解和征得了每个团队成员同意的基础之上，这样，每个团队成员便可以承担起分配给他们的工作责任。

我们继续以蒙赛斯公司健康和安全手册编写项目为例，介绍工作任务书的相关内容。下面是团队成员艾伯特的工作任务书的摘录，如表22-3所示。

表22-3　艾伯特的工作任务书（阶段二）

里程碑	主要任务	工作内容
阶段二：资源计划	对手册的编写、招标工作发出招标书	1. 在管理档案和计算机档案中查找以前的招标书 2. 在管理员和计算机档案中查找招标书模板 3. 向亚伦报告自己的工作内容

步骤与方法　工作任务书

在项目管理者向团队成员布置工作任务时，可以参照下列要点提示进行，这样做可以帮助项目管理者更加有效地完成这项工作：
- 解释为什么该项目和各项任务必须要做；
- 解释项目的目标和每个单项的目标；
- 解释团队任务的内容；
- 说明什么时候需要做这些工作；
- 明确团队成员承担的责任；
- 明确绩效标准和指标；
- 说明还有谁参与该项目；

○ 说明其他的问题，如预算、可以得到的资源、支持、培训以及限制因素；
○ 请求团队成员同意承担这些任务和责任。

项目管理者也能设计供应商的工作任务书，可以根据项目任务分解的结果进行编写，并且把工作任务书的内容写入合同中。

训练与练习　工作任务书

问题：
为你的团队和自己编写工作任务书。你可以利用文字处理软件中的表格处理功能来完成这项工作。

总结：
工作任务书将任务与人员联系起来，给出在规定的时间内，按特定的质量完成任务的详细活动。

22.3　项目资源分配

在第 21 章中，我们对蒙赛斯公司健康和安全手册编写的项目进行了成本分析，下面继续以该项目为例，给出主要任务与资源对应表，如表 22-4 所示。

表 22-4　主要任务与资源对应表（阶段一）

项目里程碑	主要任务	所需资源
阶段一：分析和规范	与项目发起人、健康与安全委员会成员举行会议，讨论该项目	会议室
	分析项目的资源并进行成本估计	计算机和项目软件，互联网，打印机和相关材料
	针对手册的内容设计调查表，并发给员工	计算机和项目软件，互联网，打印机和相关材料
	整理信息和编制规范	计算机和项目软件，互联网，打印机和相关材料
	得到项目发起人和客户的批准	无

为了更精确地确定所需要的资源，可以对表 22-4 的"所需资源"这一列做进一步分解，以便编制出综合性的资源计划。亚伦对蒙赛斯公司健康和安全手册编写项目第二阶段需要的资源进行了进一步分解，如表 22-5 所示。

表 22-5 主要任务与资源对应表（阶段二）

项目里程碑	主要任务	所需资源
阶段二：资源计划	起草任务、安排人员和制订资源计划	计算机和项目软件 ——亚伦的计算机 ——新的项目管理软件 打印机和相关材料 ——亚伦的激光打印机 复印纸 墨粉盒
	举行会议，给团队布置工作任务	办公室 ——亚伦的办公室 ——额外的两把椅子
	编写和发放制作文件的招标书	计算机和项目软件 ——亚伦的计算机 ——艾伯特/安东尼/珍妮的办公计算机 ——微软的文字处理软件 办公室打印机 复印纸

下面的训练与练习可以帮助你进一步细化项目所使用的资源。

训练与练习　资源的进一步分配

问题：

参考上面的例子，将你参与的项目所需要的物资进一步细化分解。你可以使用文字处理软件中的表格功能进行分解。

总结：

在对资源进行细化时，你将面临两个挑战：是否有经验，是否考虑细致。如果没有经验，可以向有此类经验的人请教；考虑是否细致则完全取决于个人的用心程度，要做到精通业务，就要专心致志，勤奋学习，勤学苦练。

22.4　项目时间表

项目的核心是按时完成，因此，按照时间表进行工作是很重要的。项目管理者可以为任务、人员和资源等设定时间表。

22.4.1 任务时间表

在第 20 章中，蒙赛斯公司的亚伦为健康和安全手册编写项目确定了里程碑，并且设定了各阶段完成的日期：
- 阶段一：分析和规范——2019 年 9 月到 10 月；
- 阶段二：资源计划——2019 年 11 月；
- 阶段三：成立编辑小组并布置工作——2019 年 12 月到 2020 年 1 月；
- 阶段四：设计和编写手册——2020 年 1 月到 3 月；
- 阶段五：印刷手册，并且结束该项目——2020 年 5 月。

现在我们可以对这张时间表进行扩展，给那些从里程碑里分解出来的主要任务安排日期，即制作任务时间表。当我们进行具体安排的时候，可能需要做一些小的改动，因为项目管理者必须为一些意外的事情留出机动时间。请注意如何"计划细节"，实际上，项目管理者所做的一切，就是把问题分解为一些小的单元。当定义项目和进行成本分析的时候，项目管理者就已经做了某些基本的计划。

下面继续以蒙赛斯公司健康和安全手册编写项目为例，介绍任务时间表的相关内容。该项目前两个阶段的时间安排如表 22-6 所示。

表 22-6　蒙赛斯公司项目任务时间表（阶段一和阶段二）

里程碑	主要的任务	日期
阶段一：分析和规范	与项目发起人、健康和安全委员会成员举行会议，讨论该项目	2019 年 9 月 6 日、9 日
	分析项目的资源并进行成本估计	2019 年 9 月 10—13 日，16—20 日
	针对手册的内容设计调查表并发给员工	2019 年 9 月 23 日
	整理信息和编制规范	2019 年 10 月 21—25 日，28—29 日
	得到项目发起人和客户的批准	2019 年 10 月 31 日
阶段二：资源计划	起草任务、安排人员和制订资源计划	2019 年 11 月 4—8 日，11—15 日，18—22 日
	举行会议，给团队布置工作任务	2019 年 11 月 25—26 日
	对手册的编写、印刷工作发出招标书	2019 年 11 月 27—29 日

22.4.2 甘特图

编制项目时间表的另一个方法是使用甘特图（Gantt Chart），甘特图是使用柱形图来代表任务和日期的一种图形，能让项目管理者一眼就看出什么时候有任务，什么时候空闲，以便在必要时进行调整。项目管理者可以使用文字处理软件里的表格功能画出甘特图，但使用项目管理软件会更加容易一些。

下面继续以蒙赛斯公司的健康和安全手册编写项目为例，介绍项目甘特图的相关内容。亚伦制作的项目第一阶段甘特图如图 22-1 所示。

任务	9月
阶段一	6 7 8 9 10 11 12 13 14 15 16 17 18 19 20 21 22 23 24
与项目发起人、委员会成员举行会议	
分析项目的资源并进行成本估计	
针对手册的内容涉及调查表并发放	
整理信息并编制规范	
得到项目发起人和客户的批准	
阶段二	

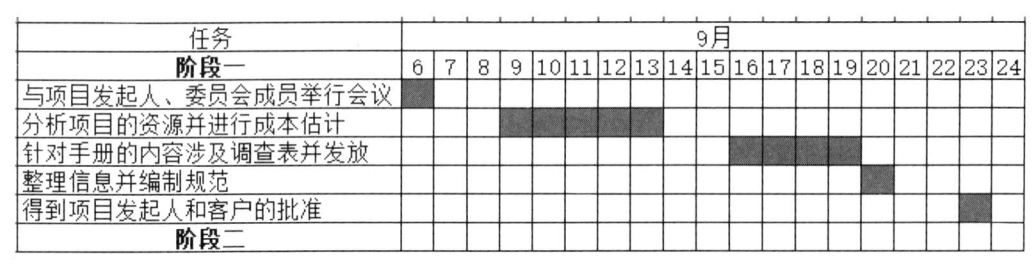

图 22-1　项目甘特图示例（阶段一）

案例与讨论　修正项目计划

> 亚伦为蒙赛斯公司健康和安全手册编写项目拟定了一份详细的时间进度表，该进度表详细精确，将每个任务所需时间精确到小时。项目进行一段时间后，项目发起人对项目进度进行检查，发现很多任务都没有按照项目计划表规定的时间进行，项目进度严重滞后。项目发起人要求亚伦按照实际进度修正计划表。亚伦了解各任务组进度后，将计划表做出修正。不久，亚伦发现项目组依然无法按计划表进行。亚伦意识到，自己的时间几乎都花费在管理计划表上，而不是管理项目进度。
>
> **问题：**
> 亚伦的问题出现在哪里，应该如何避免此类问题？
>
> **总结：**
> 亚伦的问题主要是不了解各任务所需时间以及制订的计划表时间太过精确。在制订项目计划时，要避免计划得过度精确。首先要对各项任务性质及所需时间进行调查，再根据项目的性质和周期进行规划。项目周期长达数年的，可按月进行规划。一般项目可按周进行规划。每项任务必须有明确的结束标志或可交付结果。项目进行过程中，需定期进行核对，随时修正任务规划表。

22.4.3　人员安排时间表

在编制任务时间表时，项目管理者还可以创建人员安排时间表。在蒙赛斯公司健康和安全手册编写项目的案例中，亚伦也设计了人员安排时间表（阶段一和阶段二），如表 22-7 所示。他把主要任务和参加的人员结合在了一起，还有一栏是"总时间（天）"。

表 22-7　蒙赛斯公司项目人员安排时间表（阶段一和阶段二）

里程碑	主要任务	日期	人员	总时间（天）
阶段一：分析和规范	与项目发起人、健康和安全委员会成员举行会议，讨论该项目	9月6日、9日	亚伦、健康和安全委员会成员	2
	分析项目的资源并进行成本分析	9月10—13日，16—20日	亚伦	9
	针对手册的内容设计调查表，并发给员工	9月23日	亚伦	1
	整理信息，编制项目规范	10月21—25日，28—29日	亚伦	7
	得到项目发起人和客户的批准	10月31日	亚伦、比伯、健康和安全委员会成员	1
阶段二：资源计划	起草任务、安排人员和制订资源计划	11月4—8日，11—15日，18—22日	亚伦	15
	举行会议，给团队布置工作任务	11月25—26日	亚伦、安东尼、珍妮	2
	对手册的编写、印刷工作发出招标书	11月27—29日	亚伦、艾伯特	3

亚伦还可以进一步将上面的时间表分解，为团队的每个人安排出时间。要确保团队成员同意按这张时间表进行工作安排。例如，如果有人要休假，为他安排工作就没有意义了。

22.4.4　资源时间表

在编制资源时间表的时候，项目管理者应该把资源的使用日期列上。除了这些资源的使用日期之外，资源时间表还应包括资源的订货日期或预定日期以及供应商。亚伦设计的资源时间表（阶段一和阶段二）如表 22-8 所示。

表 22-8　蒙赛斯公司项目资源时间表（阶段一和阶段二）

项目里程碑	关键工作	日期	所需资源	预定日期	供应者
第一阶段：分析和说明	与项目发起人、健康和安全委员会成员举行会议，讨论该项目	9月6日、9日	会议室	8月19日	行政部
	分析项目的资源并进行成本分析	9月10—13日，16—20日	计算机和项目软件、互联网、打印机及原料	8月19日	行政部

续表

项目里程碑	关键工作	日期	所需资源	预定日期	供应者
第一阶段：分析和说明	针对手册的内容设计调查表，并发给员工	9月23日	计算机和项目软件、互联网、打印机及原料	8月19日	行政部
	整理信息，编制项目规范	10月21—25日，28—29日	计算机和项目软件、互联网、打印机及原料	8月19日	行政部
	得到项目发起人和客户的批准	10月31日	——	——	——
第二阶段：资源计划	起草任务、安排人员和制订资源计划	11月4—8日，11—15日，18—22日	计算机和项目软件、互联网、打印机及原料	9月27日	行政部
	举行会议，给团队布置工作任务	11月25—26日	办公室	11月20日	行政部
	对手册的编写、印刷工作发出招标书	11月27—29日	计算机和项目软件、互联网、打印机及原料	11月20日	行政部

当然，如果有必要，该表还可以进一步加以分解，这取决于项目的复杂程度。请注意：当项目管理者从单位的内部或外部订购资源的时候，要弄清楚应当提前多长时间，有时候需要提前几个月预订资源。

以下训练与练习涉及项目的细节问题，将帮助你学会起草任务、安排人员、编制资源时间表等工作。

训练与练习　项目计划的细节问题

问题：

为你的项目起草任务、安排人员和编制资源时间表。如果你愿意，你可以把任务时间表和人员安排时间表组合在一起，甚至可以把任务时间表、人员安排时间表和资源时间表结合在一起。你可以使用表格、电子表格或者项目管理软件来完成这一工作。

总结：

通过学习，你现在已经知道了项目计划的细节问题，它包括编制任务时间表、人员安排时间表和资源时间表。针对你参与的项目，在完成项目计划工作时，可以按照下列步骤进行：

首先，把你已经编制出来的项目计划进行整理，具体包括以下两方面的内容：根据工作分解结构法所确定的任务，根据工作说明书所确定的人员安排时间表和资源时间表。

其次，将它们综合在一起形成一份全面的文件。如果可能，使用软件把这些图表合并在一起。

最后，将文件提交项目发起人和客户批准。

计划被批准后，就可以开始准备实施项目。在实施项目前，要确保每个人都了解人员安排；确保所有的项目关系人都知道在何时、何地进行什么工作，以便该项目的实施不给其他人造成"突然袭击"。如果合适的话，可以公开项目开始实施的日期。

本章小结

通过本章的学习，我们能够学会使用工作分解结构法，将总体目标分解为易于执行的工作内容。确定具体任务分解后，我们便可对任务时间进行评估，进而规划项目进度时间表。合理的任务分解与时间安排，是实现项目目标最有力的保障。

思考与练习

1. 简述工作分解结构法（WBS）的内容及实施步骤。
2. 简述工作任务书及其作用。
3. 制订项目计划的步骤有哪些？

第 23 章　项目的监控与收尾

学习目标
1. 了解项目监控的重要性；
2. 了解项目发生变化的原因；
3. 掌握项目监控的方法；
4. 掌握项目收尾的任务；
5. 重点掌握制作项目报告的方法。

学习指南

项目计划已经编制好了，得到批准并开始实施，现在需要对项目进行监控和收尾，以确保项目的顺利进行，这就是项目过程的第四阶段和第五阶段。本章首先介绍了对项目进行监控的重要性；接着介绍了两种项目监控的方法，分别是甘特图法和反馈意见法；然后介绍了处理项目问题的方法；到此，项目就要完成了，而且很有可能取得成功，项目管理者需要正式结束该项目，并且要写一份项目报告，这样才算完成了整个项目过程。

关键术语

项目监控　甘特图法　反馈意见法　处理项目问题　项目收尾　项目验收　项目报告

23.1　项目的监控

23.1.1　项目监控的重要性

项目监控之所以重要，是因为随着项目的进展会发生很多变化，特别是当该项目涉及许多人参加或持续很长时间时更是如此。项目经理要确保这些变化得到妥善处理，并且不会对绩效、成本和时间产生不良影响。

下面的内容可以帮助我们了解项目发生变化的原因，进而理解进行项目监控的重要性。

步骤与方法　项目发生变化的原因

项目发生变化的共同原因包括以下几点：
- 客户改变了初衷；
- 组织因素的干预，如管理层的重组或变动；
- 供应商没有按时、按价格或按照规格交货；
- 管理层希望改变项目的重点，以及扩大或缩小项目的范围；
- 主要的团队成员离开了；
- 项目经理原先的某些估计，如资源需求或者风险评估是错误的。

并不是所有的变化都是不好的。当出现某个项目里程碑进展得比原先预计的要快，或者项目不得不延期，或者客户发现对该项目的结果有更加广泛的应对机会（如新的市场机会出现）等情况时，都需要更改项目里程碑。

23.1.2　项目监控的方法

有效的项目管理包括对以下两个方面进行不间断的监督或反馈：
- 第一方面：目标、时间、成本和质量的进展情况；
- 第二方面：团队、项目发起人、客户和项目关系人的满意程度。

这里，我们介绍两种主要的项目监督方法：
- 方法一：通过工具和技术手段进行项目监控——甘特图法；
- 方法二：通过项目关系人的反馈意见，进行项目监控——反馈意见法。

1. 甘特图法

前面给出的项目时间表都可以用作项目监控的工具，只要简单地把要做的事情与实际的进展情况加以核对就行了。例如，第 22 章介绍了使用甘特图来检查任务相对于时间的执行情况，只要设置另一个表格记录实际进展情况与所预计的进度，便可以对计划的实施情况进行监控。

下面的训练与练习继续以蒙赛斯公司健康和安全手册编写项目为例，介绍利用甘特图对项目进行监控的相关内容。

训练与练习　项目的进展情况

问题：

亚伦利用甘特图对项目进行监控，×表示未按原计划完成，√表示真实完成时间，如图 23-1 所示。关于蒙赛斯公司项目的进展情况，图 23-1 表明了什么？

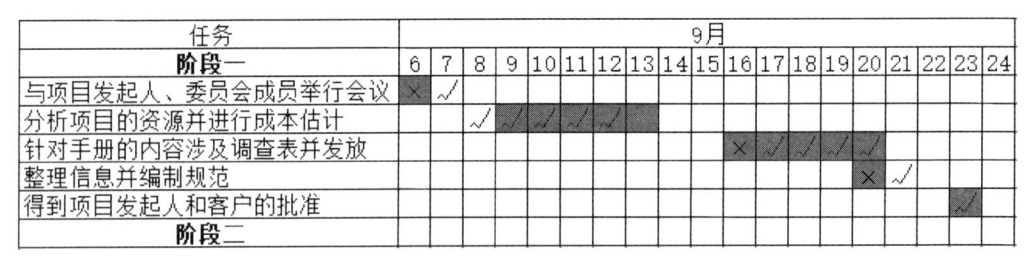

任务	9月																		
阶段一	6	7	8	9	10	11	12	13	14	15	16	17	18	19	20	21	22	23	24
与项目发起人、委员会成员举行会议	×	√																	
分析项目的资源并进行成本估计			√																
针对手册的内容涉及调查表并发放											×	√	√	√					
整理信息并编制规范															×	√			
得到项目发起人和客户的批准																		√	
阶段二																			

图 23-1　利用甘特图监控项目

总结：

从 23-1 中可以看出：亚伦干得不错。虽然有几处变动，但项目仍然在按照时间表进行。项目的启动时间（主要任务一）晚了一天，主要任务二的启动时间又比预计的提前了一天。主要任务三延误了，对主要任务四造成一定的影响，幸好亚伦预先留出了足够的时间来听取全体员工的意见，并且在主要任务四和五之间有一天的间隔，这使最后的任务仍能按时进行。

2. 反馈意见法

项目进展的情况不仅仅来自以上工具和技术手段所提供的数据，也来自人们的反馈意见，项目管理者应当为团队、客户、发起人和供应商提供反映意见的机会。这些意见可以通过召开小组会议、进行一对一的谈话、发送电子邮件、打电话或听取报告获得。

为了鼓励项目关系人积极反馈意见，项目管理者可以参照以下技巧要点。

步骤与方法　反馈意见法

○ 每月定期召开团队工作检查会议，情况允许的话可以更加频繁地召开会议，作为团队进行相互沟通的方法。

○ 与团队成员进行单独谈话，在一对一的情况下，人们可能会更加愿意说出自己的看法。项目管理者可以与团队成员讨论在小组会上不方便讨论的问题。

○ 就项目进展情况向项目发起人、客户和项目关系人定期提交简短的报告，请他们发表看法。

○ 到处走走，并且与团队成员交谈，如果他们在较远的地方工作，就用电子邮件进行沟通，或保持电话联系，或通过即时通信软件联系；不要忘记供应商。

○ 如果出现了问题，就和负责人以及知道为什么出现问题的团队成员谈谈。

○ 在适当的场合，应当鼓励团队人员发表意见，发表自己的看法。

23.1.3 处理项目问题

无论发生变化的原因是什么，项目管理者都需要针对变化尽快地对项目计划采取必要的调整和改动措施。第一件要做的事情就是召开团队会议讨论该变化，以及它可能对绩效、成本和时间产生的影响。如果是重大的变化，如项目目标的改变、供应商的失误，或者少了一两个团队成员，项目管理者就必须鼓舞团队的士气。项目管理者的行动要果断，要鼓励团队把变化看作检查项目的机会，并且继续把项目向前推进。

项目管理者要正式地记录对计划所做的所有变更，并且获得项目发起人和客户的同意。当事情发生变化时，对基准文件进行更新是对项目进行持续监控的关键所在。

下面的案例与讨论将帮助你学习处理项目问题的方法。

案例与讨论 处理项目问题

> 詹姆斯是一位软件开发公司的项目经理，应客户要求，为客户公司开发一款APP，经过一系列调研、需求分析、人员组织的环节，项目顺利展开。在项目进行过程中，客户方开始频繁变更需求，詹姆斯不得不对新需求进行重新评估，并修改项目开发方案，召开会议并重新分配工作。团队中的策划人员、交互设计人员、程序员、设计师的工作量随之增加。频繁的需求变更导致成本增加，项目进度严重滞后，软件无法向客户按期交付。
>
> **问题：**
> 如何解决项目中的突发问题？
>
> **总结：**
> 在项目进行过程中，由于环境、人员、国家政策等原因，不可避免地会出现需求变更及其他情况。在应对此类情况时，项目管理人并不是要控制变更的发生，而是要对变更进行管理，以更好地处理问题，减少意外情况带来的损失，最终保证项目有序进行。对于软件开发中的需求变更，项目管理人需提前制定需求变更管理流程，并严格执行。在客户提出需求变更时，不能盲目接受，要对其进行综合评估，并将评估结果及最终方案通知项目参与人。

我们已经了解了项目监控的重要性，学习了进行项目监控的方法，以及如何处理实际遇到的问题。下面的训练与练习将使你进一步了解如何对项目进行监控。

训练与练习　项目监控

问题：

(1) 你将如何控制项目？列出你使用的监控方法以及得到反馈意见的技巧，如甘特图、报告和会议等。你分别用它们来做什么？填写表 23-1。

表 23-1　项目监控方法

所使用的监控方法	用来做什么

(2) 你预计该项目会有哪些问题？你将如何处理这些问题？填写表 23-2。

表 23-2　项目预测问题处理表

预计会出现的问题	如何处理

总结：

不是所有的监控方法都适用于所有的项目。一定要使用适合自己项目的方法以及处理项目问题的手段。如果在处理这些项目问题时有困难，要在项目总结报告中重点记下来，当再次遇到同样的问题时，就可以做得更好。

延伸与拓展　项目监控工具——燃尽图

燃尽图（如图 23-2 所示）是向项目成员和上级或浏览者提供工作进展的一个公共视图。使用燃尽图，可以直观查看任务完成情况，并监控整体的任务进展，提醒项目相关人员项目进度和要完成的任务。

燃尽图的平面内共有两条线，一条为理想规划线，一条为现实执行线，二者共同表示项目预期及执行情况。燃尽图常用于软件开发中及其他类型的工作流程监控。横轴显示工作天数，纵轴显示剩余工作，理想情况下，该图表是一个向下的曲线，随着剩余工作的完成，"烧尽"至零。如果项目进行过程中出现了影响进度的因素，现实执行曲线便会产生相应变化。

使用燃尽图的步骤：
1. 拆分任务到执行单元，根据经验为每个执行单元估计工作时长；
2. 根据总工作时长、工作周期画一条线，这就是理论燃尽图；
3. 每天根据总工作时长、当天汇总的工作时长和日期画出当天的点连成线，这就是实际燃尽图；
4. 分析两条线的差距，监控和计划接下来的任务。

如果现实执行线高于理想规划线，则意味着剩余的工作量比原先预测的多，并且项目落后于计划。如果现实执行线低于理想规划线，则意味着剩余的工作量比原先预测的少，并且项目提前完成。

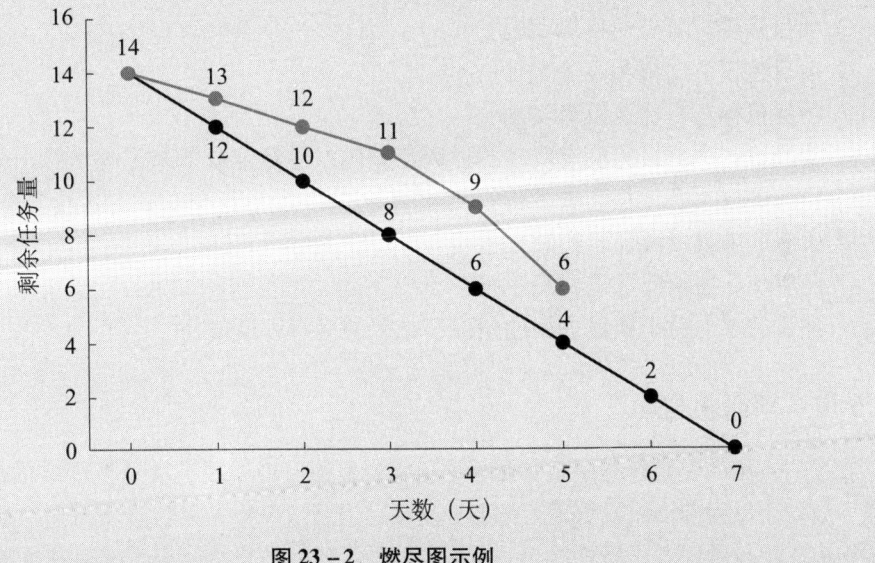

图 23-2 燃尽图示例

——资料改编自：刘华清. 敏捷开发中进度管理的策略 [J]. 数字通信. 2013, 40 (4)：78-80. 施瓦布, 萨瑟兰. 30 天软件开发：告别瀑布拥抱敏捷 [M]. 王军, 李麟德, 译. 北京：人民邮电出版社, 2014.

23.2 项目的收尾

23.2.1 项目验收

如果一个项目的时间跨度较长，那么要保持团队的干劲和士气是比较困难的。项目管理者可能要做许多艰苦的工作以此激发团队成员持久的热情，使团队成员看到取得的成绩以及成功完成该项目的重要性。在项目收尾阶段，重要的是坚持所设定的步骤和时间表，不要让事情松懈下来而导致失败。

项目完成之后，项目管理者应该安排召开项目总结会议，使项目发起人能够看到团队所取得的成绩，并对团队成员的努力工作表示感谢。该会议也可以回顾经验和教训。随后项目团队就可以解散了。团队成员往往能从这个项目中得到真正的成就感，也会感觉到他们辛苦的工作得到了组织而不仅仅是项目管理者的认可。

在进行项目验收时，项目管理者需要考虑以下问题：

步骤与方法　项目验收

- 项目实现它所有的目标了吗？
- 项目特定的结果和好处是什么？
- 项目目标还有什么没有实现？
- 造成这些项目目标没有实现的原因清楚吗？已经记录下来了吗？
- 所有的成本都计算进去了吗？
- 所有的项目资源都已经移交了吗？
- 还有什么遗留问题需要解决吗？
- 项目关系人对于项目进展的情况和结果的满意程度如何？

23.2.2　项目报告

在项目实施的整个过程中，有两种项目报告：项目进展报告和项目总结报告。在每个关键点，如每个里程碑，项目管理者都要提交项目进展情况报告。一旦项目通过验收或以别的方式结束，项目管理者还需要提交一份项目总结报告。项目总结报告的内容包括以下方面：

- 督促组织内部和外部从事研究工作的人精益求精；
- 说明该项目为组织的其他部门带来的好处；
- 说明如何使用预算；
- 适当地涵盖合同中与项目对应的工作要求，例如，如果顾客对成本有疑问，项目管理者可能需要说明自己的花费是正当的；
- 找出项目实施的障碍；
- 解释部分项目失败或整个项目失败的原因；
- 项目管理者个人反省从该项目中收获什么以及学到些什么；
- 提供有利于个人职业发展的成果。

项目总结报告主要有两个作用：
- 记录做了什么，如何做的，以及为什么要做；
- 总结经验和教训，为今后更好地开展类似的项目提供建议。

项目不同，报告的结构也不一样，可以遵循如下建议来完成。

步骤与方法　项目报告的结构

- 执行概要——这是对于重要问题和建议的概括。当项目管理者写完报告正文，并且把完成了什么目标、出现过什么问题、下一次如何做得更好等问题组合到一起后，再写这一部分。
- 简介——这是项目的背景。包括该项目是如何被发起的、为什么发起该项目、谁参与了该项目等。
- 方法和程序——项目过程的每个阶段是如何进行管理的，在项目计划和监督过程中都使用了哪些原理和方法，它们是如何发挥作用的。
- 成果——从项目的结果和客户的满意度方面说明项目为什么是成功的。通过回顾项目的目标和绩效指标给出说明。
- 建议——详细地列出各项建议，这样下次就能做得更好。
- 附录——包括为项目报告提供意见的人员名单，所使用的调查表、图表和支持文件等。

通过阅读项目报告，我们会得到很多有用的信息，这些信息对于我们以后所做的项目会很有价值，也可能成为其他人或项目小组的学习经验。将这些信息以一种其他成员很容易得到的方式加以保存，可以为我们以后要做的项目节省许多时间，也可以为今后实施类似的项目设定一种标尺和样板。

下面这个训练与练习将帮助你总结项目管理所使用的模板、工具和方法，并对使用的效果进行评估。

训练与练习　模板、工具和方法

问题：

（1）列出在你参与的项目中使用的模板、工具和方法。填写表23-3。

（2）对它们的使用情况做出评估，并用打钩或打叉的方式，标出你在今后的项目中是否会再次使用它们。

表23-3　模板、工具和方法的使用情况调查表

模板、工具和方法	使用情况	你会再次使用它们吗？

总结：

在项目管理中有很多模板、工具和方法，熟练使用它们，不仅可以提高工作效率，而且可以帮助你管理好项目。

延伸与拓展　项目终止

> 项目终止是项目生命周期的最后阶段的最后一步，它的出现标志着项目的目标已经实现，或已不再需要，或不可能实现。无论哪一种情况出现，都表明该项目已经到达终点。除了项目目标实现外，项目也会因其他原因终止，如项目的下一步进展已经很难或不可能获得，项目被无限期地延长，项目所必需的资源被转移出该项目，项目的关键成员离开项目组，等等。
>
> 在项目终止后也应提交项目终止报告。项目终止报告除了对项目进行评价、对项目终止的原因进行分析之外，还应对项目已经实施的全部过程进行记录和分析，为项目成果投入运营以后各项工作的开展提供文本依据。
>
> ——资料改编自：陆安生．管理信息系统［M］．北京：中国水利水电出版社，2007.

本章小结

为了保证项目执行的每一步都没有偏离项目目标及项目计划，需要对项目进行全过程监控。通过本章的学习，我们了解了项目监控的主要内容及方法，并有能力处理项目过程中发生的问题。随着相关人员对项目成果的验收，项目进入收尾阶段，详细有序的项目报告为项目画上圆满句号。

思考与练习

1. 项目管理需要监督哪些方面，可以使用哪些方法？
2. 项目报告包含哪些内容？
3. 项目发生变化通常有哪些原因？
4. 项目收尾阶段需要做什么事？

实践与实训

指导：

在本练习中，你将为自己的项目撰写一份项目总结报告。回顾一下你的项目，看看它进展得如何。你可以按以下要点进行分析总结：

1. 项目达到最后的结果了吗？如果没有，原因是什么？
2. 你与项目关系人相处得如何？你如何对待他们？你们之间有什么冲突？
3. 资源的使用情况如何？本单元介绍的模板、工具和方法等技术手段的使用情况如何？
4. 项目进展过程中出现了什么问题？你是如何处理的？
5. 采用第23章中项目报告的结构撰写一份总结，总结项目的进展过程，包括你对今后项目工作的建议，也可以你所在企业的报告样式为范本写总结。

总结：

向你的项目发起人和其他项目关系人提交你的报告。不要忘记保存你的项目文件，包括你的报告和所得到的反馈意见，这样可以方便其他人使用，并对他们的项目有所帮助。

单 元 测 试

一、单选题

1. 某食品企业为了适应激烈的市场竞争,决定开发一种新产品,研发部门在上报的计划中写道:我们的目标是开发一种适合年轻人的新口味的咖啡。审视这个目标,它没有体现 SMART 原则中的(　　)原则。

  A. 明确的   B. 可测的

  C. 可实现的   D. 有时间约束的

2. 亚伦为了确保项目切实可行,决定对项目进行初步的成本分析,他不需要做的是(　　)。

  A. 估计需要多长时间   B. 估计需要多少设备

  C. 确定计算成本的方法是什么   D. 明确项目的实施程序

3. 中兴公司为了考察项目的可行性,需要进行风险评估,关于风险评估的步骤描述不正确的是(　　)。

  A. 为项目列出各种可能的结果

  B. 按照列出的问题对项目所产生的影响程度进行等级鉴定

  C. 对每一种结果发生的概率进行评定

  D. 将严重程度与概率相加,相加得出的和代表每种情况的风险程度

4. 小王的领导让他运用工作分解结构法对项目任务进行分解。他首先要做的是(　　)。

  A. 继续分解,从而列出项目的所有任务

  B. 看一下每个主要任务,明确次一级的任务

  C. 使用树形结构图或金字塔形结构图来表示工作的分解结果

  D. 看一下项目的各个里程碑,明确主要任务

5. 珍妮带领的团队要为新开展的一个项目建立工作任务书,工作任务书建立的基础是(　　)。

  A. 领导的意愿   B. 项目任务时间表已经创建

  C. 每个团队成员同意   D. 征得项目负责人同意

6. 艾伯特作为一个项目的负责人，完成项目计划时应遵循的步骤是（　　）。
①将项目计划综合在一起，形成一份全面的文件
②对已经编制出来的项目计划进行整理
③将文件提交给项目发起人批准

  A. ①②③　　　　B. ③①②　　　　C. ③②①　　　　D. ②①③

7. 某公司由于供应商的失误导致公司的项目发生了变化，该项目领导者首先要做的事情是（　　）。

  A. 直接采取行动　　　　　　　　B. 批评责任人
  C. 提前终止该项目　　　　　　　D. 召开团队会议讨论该变化的具体情况

二、案例分析

  NASA（美国国家航空航天局）有一个闪电项目，负责检测来自地球低轨道的闪电。它不仅是一个科学实验，还是一个管理实验。这个实验不断经历失败，所以拖延了项目验收的时间。NASA最后要求其七个月内实验成功。实现这个目标有很大的难度，但是，大家非常乐观，因为高级管理层赋予团队自主决策权，这个决策权给了项目的首席工程师佛瑞德·桑德尔（一个从来不知道放弃的人，具有坚持不懈、精力充沛和紧迫感等可贵品质的人）。考虑到问题的复杂性和高难度，佛瑞德首先对任务进行了分解，制定了项目时间表。

  佛瑞德经常和团队其他成员讨论如何才能缩短修复时间，使项目回到原进度。一次，佛瑞德想出了一个非常冒险的主意，对成员说："我们拥有知识、技术和工具，由我们自己来加固支架。我所需要的只是符合质量要求的飞行硬件。"

  第一次测试失败后，佛瑞德画出了支架的硬件改动草图。他建议，用金属面板加固现有的支架，能给支架必要的支撑，可行性很高。当天下午，佛瑞德就采取了行动。第二天，测试继续进行，硬件通过振动测试。

  最终，项目在九个月内交付了，虽然比原定目标多了两个月，但是他们赶在它最终被集成到宇宙飞船之前完成了。项目建立了世界上首个全球闪电数据库，并改变了科学家们对闪电速度和暴风雨演变的理解。

  根据以上案例，回答以下各题。

1. 不属于该项目的项目关系人的是（　　）。

  A. 佛瑞德　　　　　　　　　　B. 案例中的"大家"
  C. NASA的高级管理层　　　　　D. 政府官员

2. "在七个月内完成任务"涉及项目范围所包括内容中的（   ）。
   A. 该项目将涉及谁　　　　　　　　B. 该项目将花多长时间完成
   C. 该项目需要谁加入其中　　　　　D. 该项目需要什么资源
3. 该项目的完成需要某些资源的支持，否则就无法进行下去，这些资源不包括（   ）。
   A. 飞行硬件　　　B. 技术人员　　　C. 时间　　　　　　D. 激烈的竞争环境
4. 考虑到问题的复杂性，佛瑞德首先对任务进行了分解，制定了项目时间表。这个过程发生在项目生命周期的（   ）阶段。
   A. 项目计划的制订　　　　　　　　B. 项目启动
   C. 项目可行性分析　　　　　　　　D. 项目监督和控制
5. 佛瑞德和团队人员讨论如何才能缩短修复时间，使该项目回到原进度，这一情况应该发生在项目生命周期的（   ）阶段。
   A. 项目可行性分析　　　　　　　　B. 项目监督和控制
   C. 项目启动　　　　　　　　　　　D. 项目收尾

扫描二维码，查看参考答案

第VII单元　决策管理

　　你有没有想象到一头大象或一匹斑马居然能够帮助你解决工作中的问题？你知道可以通过紧迫性和重要性的划分来解决时间管理问题吗？如果你的答案都是"否"，那么也许你的水平性思维发挥得还不够，你还没有充分利用自己大脑的创造性思维能力。通过本单元的学习，你可以改变这一切，它将向你解释怎样才能"解决问题—制定决策"；换句话说，本单元将指导你如何解决问题，并通过合理的创造性思维方法制定决策。

　　在本单元，你将有机会学习如何在工作中运用四步法——查明问题、寻找解决方案、做出决策、执行和评估来解决问题、制定决策。同时，本单元还将介绍许多有用的技巧。解决问题和制定决策其实并非那么棘手，即使是最具有创造性的方法，也是可以学会并且加以利用的。

决策管理

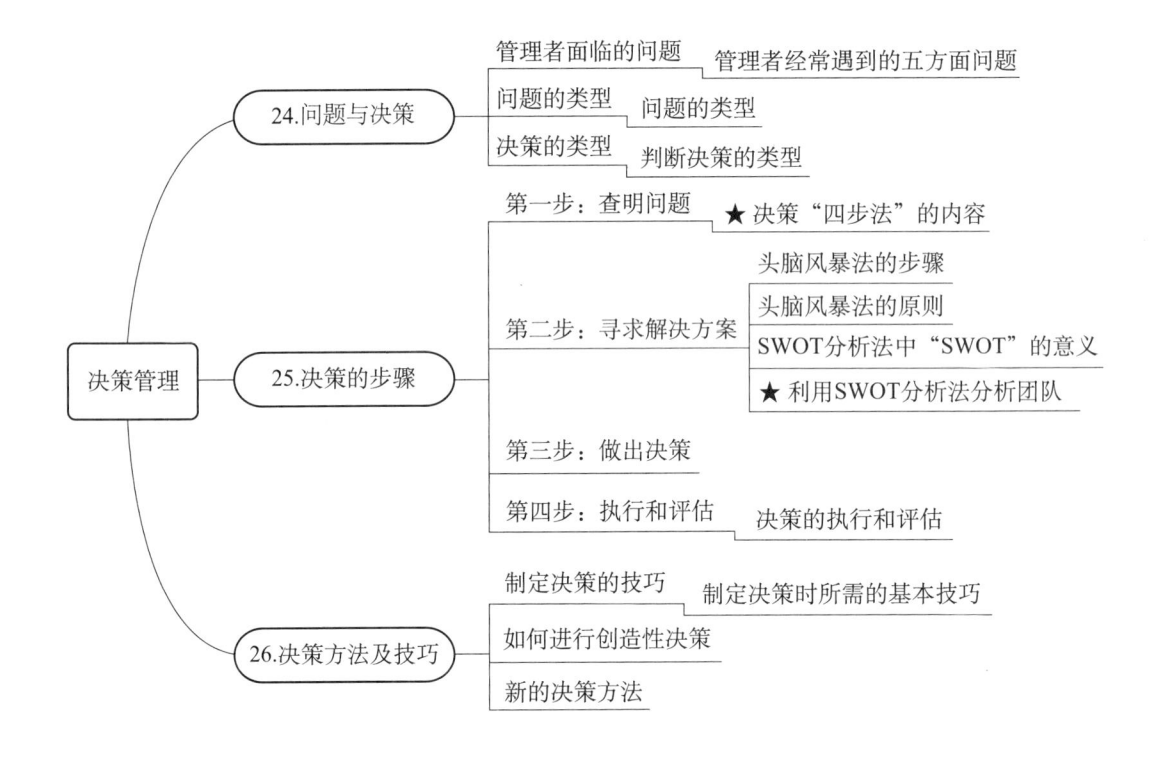

- **24.问题与决策**
  - 管理者面临的问题 —— 管理者经常遇到的五方面问题
  - 问题的类型 —— 问题的类型
  - 决策的类型 —— 判断决策的类型

- **25.决策的步骤**
  - 第一步：查明问题 —— ★决策"四步法"的内容
  - 第二步：寻求解决方案
    - 头脑风暴法的步骤
    - 头脑风暴法的原则
    - SWOT分析法中"SWOT"的意义
    - ★利用SWOT分析法分析团队
  - 第三步：做出决策
  - 第四步：执行和评估 —— 决策的执行和评估

- **26.决策方法及技巧**
  - 制定决策的技巧 —— 制定决策时所需的基本技巧
  - 如何进行创造性决策
  - 新的决策方法

★代表该部分是案例重点考核内容

扫描二维码，学习本单元概况

第 24 章　问题与决策

学习目标
1. 了解管理者在工作中面临的问题；
2. 了解决策的类型；
3. 掌握问题的类型。

学习指南

在管理活动中，虽然多数管理问题都不是那么严重，不需要高深的管理知识，但是管理者应该清楚如何面对工作中出现的问题。本章主要介绍管理者在日常工作中可能遇到的问题和决策的类型，以及这些不同类型的问题和决策各自具有的特征。

关键术语

管理者面临的问题　问题的类型　决策的类型

24.1　管理者面临的问题

管理者在日常的管理工作中承担着不同的角色，下面这个案例与讨论能够帮助你了解管理者经常扮演的角色，以及管理者通常需要解决哪些方面的问题。

案例与讨论　繁杂的管理工作

> 彼得是某公司的部门经理。他正在与他的计算机操作系统专家通电话，对方说自己踢足球时腿受了伤，四周内无法回来上班。此时，公司的运营主管冲进来喊，生产线出毛病了，停止运转了。彼得本来还应该去参加一个会议，讨论有关产品包装的问题，现在也只好把会议往后推，赶紧去调查生产线的问题。这时，又来了一位政府官员，这位官员收到公司前雇员的投诉，前来重新验收彼得的环保风险评估报告。同时，一位供货商打电话来说，零件的到货时间将推迟一周。"反正也没什么可生产了，生

产线停就停了吧！"彼得沮丧地想。就目前混乱的情况来看，他没有办法完成本月的生产计划了。

问题：
根据上述案例思考，彼得遇到了哪些方面的问题？

总结：
在日常工作中，管理者经常被一些琐事和问题困扰，往往是什么事情都做，经常扮演各种角色。但是，他们应该感谢这些"问题"，因为如果没有这么多问题出现，他们的能力就无法得到提高。

下面的内容将帮助你从不同的角度思考管理者所面临的各种问题，请仔细想一想这些问题所属的类型。

步骤与方法　管理者经常遇到的问题

从人和工作流程的角度来看，管理者经常会面临以下问题：
- 预算问题；
- 健康和安全问题；
- 用人问题；
- 运营问题；
- 支付问题；
- 客户服务问题；
- 员工关系问题。

我们可以将上述问题划为以下几种类型：
- 人的问题。

人的问题在于其不确定性。对于员工，管理者除了要与他们进行交流外，还需对他们进行激励和管理。但是，很难保证沟通、激励和管理所能产生的效果。比如，尽管管理者无数次地告诫员工要注意健康和安全，但是转眼间员工又麻痹大意起来，事故发生率又开始反弹；管理者可以设法勾起人们对新鲜事物（新品牌、新的工作方式或新产品）的兴趣，却很难让人们将这种兴趣维持下去；管理者可以采用分红的奖励制度，但不久之后效果也会削弱，这时管理者就不得不实行一些新的奖励机制。

- 工作流程的问题。

工作流程的问题在于其确定性。人人都知道生产线停止运转必定有其原因，如果能按照基本的因果关系找到症结，问题就能得到解决。所以，管理者必须首先找到停工的根本原因，然后才能找到正确的解决方法。否则，管理者自认为解决了流程中的问题，但企业早晚还会停产。

○ 人与工作流程的问题。

人与工作流程之间的问题在于两者的共存性。操作流程、信息沟通流程、健康与安全流程、客户服务流程，都是人与工作流程的结合。例如，生产流程出了问题可能是员工操作不当引起的；计算机网络崩溃可能是系统病毒引起的，也可能是工作人员操作失误引起的；健康与安全工作流程出现了问题可能是设计不合格，或者是员工操作失误，或者二者兼有引起的。

○ 管理者的问题。

管理者的问题在于他们必须做出决策以解决问题，其实这本身就是一个问题。

○ 组织的问题。

组织的问题在于它们正是问题的制造者。一个组织，总有其特定的意图或目标，这也是组织的本质所在。为此它需要制定对策、解决问题，但是这些并不能轻而易举地完成，因为组织的运转要受到资金、人员技能、组织文化、组织结构和管理风格等诸多因素的制约。这就会导致问题的扩大化。例如，虽然管理者非常愿意采用新技术来解决当前生产线经常停工的问题，但是现在购买这种新技术的费用太高，所以管理者只能进行一些日常的维护和修理工作；或者管理者认为能够采取更好的方式对组织进行人力资源管理，但这可能不属于管理者的职责范围或此举可能与企业现行的理念相悖。以上这两种原因都会使管理者的想法破灭。

下面的训练与练习将帮助你思考上文所讲的问题。

训练与练习　制定决策和解决问题

问题：

如何制定决策？如何解决问题？它们的本质何在？思考下面五段引言，你会从中找到答案：

○ "问题的关键在于解决方案。"
○ "人们不是找不到解决方案，而是他们没有找到问题的症结。"
○ "对每个问题来说，都有一个简单、精确的解决方案，哪怕这种解决方案是错误的。"
○ "如果你不是解决方案的一部分，你就可能是问题的一部分。"
○ "解决问题容易，难在如何不再出现问题。"

总结：

○ 第一段引言告诉我们，要解决问题，就必须进行决策，而决策的过程也是一个选择的过程（因为可能有不同的方案摆在管理者面前）。如果选择错了，不但解决不了原来的问题，还可能派生出新的问题。

○ 第二段引言的内容是关于解决问题的第一步——搞清问题到底出在哪里。例如，管理者也许会因为某人连续迟到而解雇他，却不知道他是个单亲父亲，早晨得解决送孩子去学校的问题。管理者把迟到当作问题的原因，可实际上它只是问题的表象，真正原因在更深的层次。如果管理者注意到了问题真正的原因，就可以找到不同的解决方式（比如说忠告）和不同的解决方法（比如说弹性工作时间）。

○ 第三段引言提醒我们，做出决策和解决问题的工作可能像所面临的问题那样错综复杂。

○ 第四段引言告诉我们，管理者并非置身问题之外。管理者本身就是问题和解决方案的一部分，因为他们的行为可能解决问题，也可能使情况更糟，甚至问题的根源可能就是管理者自身。为了解决问题，管理者有时必须改变自己的做事方法，如对于那些愿意改正错误的员工，就不要再给他们处分了，警告他们一下就可以了。

○ 第五段引言告诉我们，问题的解决并不代表事情的结果。管理者必须时刻保持警惕，做好监督、控制和检查的工作，从而保证问题不再发生。

通过上面的练习，我们知道决策的制定和问题的解决需要一套周到而巧妙的方法，通常我们称为系统方法，该过程又称系统思考的过程。在后文中，我们将会学习更多有关系统方法和系统思考的内容。

24.2 问题的类型

管理者要处理大量不同类型的问题，所以我们就要对这些不同类型的问题加以区分。

1. 长期问题和短期问题

管理者应该把企业战略与部门的日常运作结合起来。工作中的各种计划和目标属于长期问题。如何制订员工的工作计划、工作目标，从而使员工有完成这些计划和目标的可能，这本身就是一个问题。

管理者还必须面对众多的日常问题，即短期问题。问题每天都在涌现，所以必须及时加以处理才能维持组织的正常运转，否则会阻碍长期目标的实现。这些日常问题包括供应商不及时供货以及员工缺勤等。

2. 主要问题和琐碎问题

不是所有问题的分量都相同。管理者面临的主要问题包括如何实现计划和目标，以及如何处理严重妨碍实现计划和目标的事件，如生产停工或员工罢工。同时，管理者也需要解决一些琐碎的问题，如答复赞助邀请、重新详细布置工作等。

3. 紧迫的问题和重要的问题

一般来说，大问题比小问题更重要。但是小问题如果亟待解决，那它也会变得非常重要。例如，如果管理者明天要进行业绩评估，那么准备是否充分就是管理者眼前亟待解决的重要问题。

下面这个训练与练习将帮助你思考如何根据问题的紧迫性和重要性划分解决问题的优先顺序。

训练与练习　问题的紧迫性和重要性

问题：

想想你明天的工作安排，看看哪件事情因为亟待解决而变得重要起来。

总结：

根据紧迫性和重要性划分解决问题优先顺序是解决问题和制定决策的一个技巧，即关于如何安排时间的技巧。以上的练习主要是对一天工作中亟待解决的问题进行了优先排序，但并不是所有小任务或问题都要划分优先顺序。有时管理者可以连续处理一些琐碎的工作而不过问其重要程度，比如在规定时间内阅读完电子邮件而不论其相对价值的高低。这是因为许多小事情可以作为日常工作的一部分迅速完成，它们不会延误我们解决更重要的问题。

在前文中，我们探讨了管理者所面临的问题的类型。现在，运用下面的训练与练习来研究一下你在工作中遇到的问题。

训练与练习　工作中遇到的问题

问题：

根据下面的提示填写表24-1：

(1) 描述你工作中要处理的三个问题，要包括大、中、小三种类型。这些问题可以只是日常性的事务。

(2) 确定你列出的问题是与人相关还是与工作流程相关，或是两者兼有。

(3) 确认在你解决问题和做出决策的过程中是否面临组织的限制，可以是资金方面的限制或组织文化方面的限制，也可以是权力方面的限制（这些问题的解决是否超出了你的职权范围）。

(4) 辨认这些问题是长期问题还是短期问题（这是对问题所属类型的确认）。

(5) 按问题的紧迫性或重要性的程度，将它们分为5个等级，其中1代表不紧迫（不重要），5代表非常紧迫（非常重要）。把代表每个问题紧迫性和重要性程度的数字相加，得出问题的总体紧迫性和重要性，总分最高的问题则最先解决。

表 24-1　面临的问题

问题	人的问题、工作流程的问题，或二者兼有	组织的限制	长期或短期	紧迫性 (1~5)	重要性 (1~5)	总体紧迫性和重要性
1						
2						
3						

总结：

本练习会帮助你进一步理解工作中面临的问题及这些问题的所属类型。

了解问题的类型之后，下面我们了解一下决策的类型。

24.3　决策的类型

决策的类型分为以下两种：

1. 直觉型或常规型

一位管理者高呼："有办法啦！如果我们停止经营运转，我们将不会再有问题了。"虽然这是团队管理者在解决问题时开的玩笑，但从这句话里可以看出，管理者时时都会遇到问题。为了解决问题，他们不断寻找解决方案，做出决策。并非所有的决策都以相同方式做出，有时并不需要用复杂的四步法（内容详见第25章介绍）解决问题，完全可以根据经验或直觉迅速解决。例如，如果发现有人今天不能来上班，管理者就打电话到临时雇员机构请人代替；再如，如果有人问某某文件在哪里，管理者就可以告诉他。

2. 反复试验型

也有一些问题，管理者不能凭直觉马上做出决策，同时也不能借助于一些特定的处理方法（如四步法）解决，那么其可以用反复试验的方法解决此类问题。所谓反复试验型的决策，就是把各种方案一个一个地进行试验，直到找到解决方法为止。管理者在设计或是进行一些战略性决策的时候常会遇到这种情况。

下面这个训练与练习将帮助你了解常见的决策类型，以及在实际工作中常用的解决不同类型问题的方法。

训练与练习　决策的类型

写下你最近做的一些决策，并把它们划分为直觉型或常规型和反复试验型，填写表24-2。

表 24-2　决策的类型

直觉型或常规型	反复试验型

问题：

通过判断，你认为这些类型的问题有哪些方面的特点？

总结：

由以上问题看出，根据不同的问题，应该选择不同的解决方法和途径，以防做出错误的决策。

但是，不管制定决策的方法有哪几种，四步法仍然是一种非常有效的方法，尤其在处理一些大中型问题时非常有效，因为解决这些问题需要花费很大的心思，需要思考、谋划。通常在处理违纪事件、审计稽查、贯彻新工作、招聘员工、进行预算和评估、开发新产品或服务等问题时，都要用到四步法。

四步法是如何解决问题的，我们将在下一章进行详细讲解。

本章小结

本章我们了解了管理者在工作中经常面临的问题及其发生原因，并对日常问题进行了分析和归类。决策类型有直觉型或常规型和反复试验型这两种类型，可以帮助我们在日常管理中更准确地分析问题、制定决策，最终解决问题。

思考与练习

1. 管理者经常会遇到哪些方面的问题？
2. 简述问题的类型。

第 25 章　决策的步骤

> **学习目标**
> 1. 了解找出问题原因的方法；
> 2. 了解方案的可行性、适用性和可接受性；
> 3. 掌握决策的执行和评估方法；
> 4. 重点掌握制定决策的四步法。
>
> **学习指南**
> 　　本章将讲述一套系统的方法——四步法，说明如何解决问题、制定决策。利用鱼骨图、5W2H 分析法查明问题；通过头脑风暴法、SWOT 分析法、水平分析法寻找解决方案；运用 FSA 标准做出决策；最后执行决策，并评估其执行情况。
>
> **关键术语**
> 　　决策的四步法　鱼骨图　5W2H 分析法　SWOT 分析法　头脑风暴法　水平思考法　执行和评估

25.1　第一步：查明问题

案例与讨论　地毯工的选择

> 　　一个地毯工在客户家铺地毯。他干完活后重新检查一遍，确认无误，然后伸手到口袋里掏香烟，却发现香烟不在那里。与此同时，他发现地毯凸起一块，他想："老天，我遇上麻烦了。"地毯工有两个选择：或者从头来过，把香烟取出再将地毯重新铺好；或者用锤子把香烟敲平以消除痕迹。他选择了后者。等他收拾好货车准备离开时，突然发现香烟就在自己的货车上，同时他听见房子里的小女孩在喊："妈妈，我的玩具小老鼠呢？"

第 25 章　决策的步骤

> **问题：**
> 这个案例中，地毯工在哪个环节出了问题？
>
> **总结：**
> 从表面上看，这个地毯工解决问题的方法是"天衣无缝"的。如果地毯下面是香烟的话，他做出的决策就是"经济合理"的。他之所以犯错误，问题在于他做出了错误的判断。真正的原因是玩具老鼠，而不是香烟。所以，我们在进行决策前，必须找到问题的真正原因。

25.1.1　找出导致问题的原因

人们对问题的原因做出错误的判断是很正常的，因为在探究问题症结的过程中，每个人都会遇到很多陷阱，所以判断错误也就不足为奇了。因此我们要注意，现象经常会掩盖事情的本质。例如，计算机系统崩溃常被人们认为是系统内存不足引起的，但实际上这是表象，系统崩溃大多是被病毒所害。病毒在存储器中作怪，占用了系统资源，从而降低了系统的运行效率。如果人们在探究原因的过程中依据的是一些不可靠、不准确或者过时的资料，那么所做出的决策就会偏离轨道，找出的原因也是错误的。探究问题的症结要耗费一定的时间和资源，所以有时候时间和成本的压力也会使人们无力探求事情的真相。

有很多方法可以帮助我们区分问题的类型，进而透过现象找出导致问题的真正原因。下面主要讲述其中的两种方法。

步骤与方法　鱼骨图的应用

鱼骨图又称因果图，是一种分析导致问题的原因时采用的技术，具体内容可参照第19章的相关介绍，这里不再详细讲解。但是要注意，鱼骨图并不能解决全部问题，有时真正的原因在鱼骨图上表现不出来，为此，我们需要换一种思维方式。

下面例子中的鱼骨图是由惠普公司设计的，目的是调查为何如此多的打印机墨盒因质量缺陷而退货。

在图25-1中，惠普公司并没有发现问题的真正原因，上面所列的每一个原因都没有出现差错，因此，他们只能从另外的角度找原因。后来惠普公司发现，导致问题的真正原因是：公司的无条件退货政策，一些客户不会解决细节问题以及非授权公司擅自给墨盒灌入劣质墨导致打印机墨盒损坏。

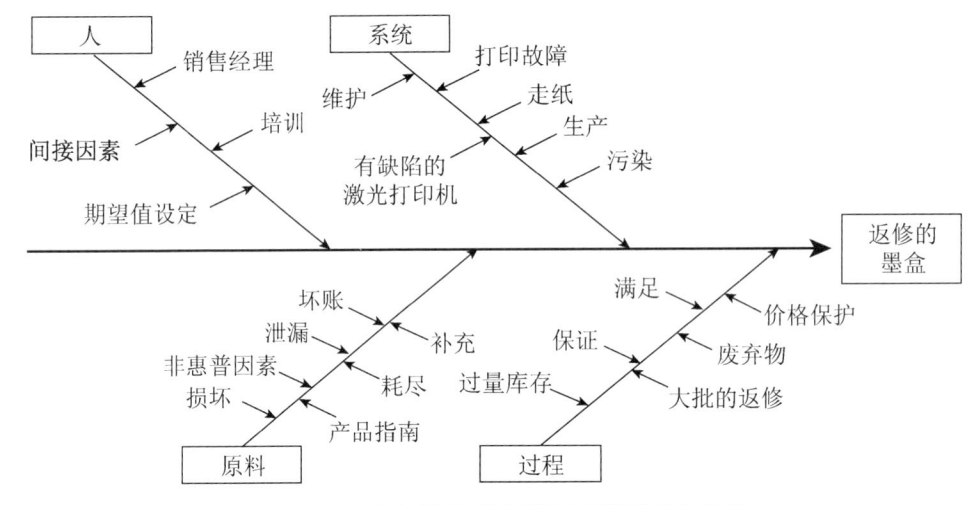

图 25-1　打印机墨盒因质量缺陷而退货的鱼骨图

步骤与方法　5W2H 分析法的应用

5W2H 分析法（内容详见 19.2.5 "5W2H 改进法"介绍）对管理者很有用。5W2H 是由下面七个英文单词的首字母组成的：

- What? ——什么？
- Why? ——为何？
- When? ——何时？
- Where? ——哪里？
- Who? ——谁？
- How? ——怎样？
- How much? ——多少（成本）？

如果前面案例中的地毯工能够问一下他的香烟在"哪里"，他可能就会到货车里找一找，而不是简单地认为它一定在地毯下面。所以，我们必须收集任何可能的原因来确定导致问题的真正原因。

下面介绍 5W2H 的运作原理。

第一步：通过问四个 W 和两个 H 来考虑问题：

- 发生了什么（What）？
- 发生在哪里（Where）？
- 关系到谁（Who）？

- 何时（When）发生的？
- 怎样（How）发生的？
- 花费（How much）多少成本？

第二步：收集到以上这些事实资料后，问第 5 个 W：
- 为什么（Why）发生？

第三步：再次问"为什么"来区分表面假象和真正原因；

第四步：不停地问下去直到有了答案为止。

下面的训练与练习会帮助你运用 5W2H 分析法来分析遇到的一些问题。

训练与练习　5W2H 分析法

问题：

想想你目前（或不久前）在工作中有没有遇到什么问题？如果有，从中选出一个，运用 5W2H 分析法进行分析，看一看 5W2H 分析法能否奏效。

总结：

这个方法主要适用于对一些问题，如违纪问题、健康与安全事故问题、机器故障问题等的调查。具体使用什么方法取决于当时的情形和自己的情况。

25.1.2　确定目标

找到问题的真正原因以后，接下来我们还有很多的工作要做。但是，在继续下一步工作前，首先要确定目标，也就是说要确定事情的发展方向，即用哪种方式解决问题最合适。

例如，如果一个玩具生产厂的问题是"生产效率很低"，目标就可以是"每小时生产 500 件玩具"，而不是 450 件；如果问题是"某人的出勤记录不佳"，目标就可以是"下个月准时到岗、不缺勤"。

通常，我们制定的目标要符合 SMART 原则（内容详见 20.2.2 "项目的目标"介绍）。

25.2　第二步：寻求解决方案

现在我们对问题已经有了充分的了解，并学习了找出导致问题真正原因的方法。下一步的工作就是寻找潜在的解决方案。此时，我们需要一些解决问题的技巧。解决问题的技巧有很多，下面我们将介绍几种常用的技巧。

25.2.1 集思广益

管理者在寻找解决方案的时候有很多资源可以利用，其中的一个重要资源就是人，包括高级经理、同事和团队成员。还有一些人，他们有自己的想法，这些想法也可能与解决方案有关。例如，从事具体操作的工人往往对操作过程中出现的问题有更深刻的认识，他们也可能会有更合理的解决办法，因为他们每天都会遇到这些问题并要想办法加以解决。

组织经常会奖励那些善于提建议的员工，以此激发员工的创造热情。这是一个低成本、高效率的寻找解决方案的方法。在解决问题的过程中，以非正式讨论为基础的集体解决方案，如头脑风暴法等，都很有用。

下面这个案例与讨论就讲述了让员工参与解决问题的过程能够给组织带来的额外收益。

案例与讨论　壳牌石油公司员工的建议

壳牌石油公司实行的企业管理责任明确指出，管理人员和现场所有员工的主要任务是：

①提出意见或建议；

②协调和监督。

荷兰分部对此十分看重，设立了专门的电子邮箱收集大家提出的意见和建议。6个团队的成员每周都会在勘探生产部门碰面，深入研究每位员工发来的电子邮件。一个6人小组的组长鼓励组员大胆发言，小到如何减少公司用纸量，大到使用激光探测器寻找石油。一年的时间里，他们林林总总发送了300多条建议。第二年，公司总部推出了5个优先商业项目。令人吃惊的是，其中4个正是出自这300多条建议，并且在接下来的日子里，这4个项目为公司带来了数以亿计的收入。

问题：

想一想你曾让别人帮你解决问题的一些情形，他们对你的帮助有多大？

总结：

从以上案例能够看出，你可以利用本团队的员工找出解决问题的方案。首先，充分利用本团队的人力资源，可以减少成本，增加收入；其次，只有让团队成员团结协作，互帮互助，才能实现共赢。

25.2.2 头脑风暴法

个人可以用头脑风暴法（内容详见《个人与团队管理》第Ⅰ单元介绍）解决问题，团队使用头脑风暴法则效率更高。下面就以团队为例，讲述如何使用头脑风暴法解决工作中出现的问题。

步骤与方法　头脑风暴法的步骤

- 第一步：召集十个人在一个房间里开会；
- 第二步：指定某人在活动挂图或活页纸上记录各种解决方法；
- 第三步：确定要解决的问题；
- 第四步：要求大家迅速想出办法解决问题；
- 第五步：写下解决方法；
- 第六步：事后分析它们当中是否有真正有用的解决方法。

整个过程可以控制在40分钟左右。第四步其实只需要十几分钟就能完成，不要拖得太久，时间太长，效果并不好。

步骤与方法　头脑风暴法的原则

- 暂不评价——事后再对各种方法进行仔细的评估；
- 自由发挥——让思绪尽情飞舞，越与众不同越好；
- 数量至上——珍珠贝越多，发现珍珠的机会就越多；
- 综合改进——尝试借鉴他人观点来形成自己的想法；
- 无须评论——不要就其他人提出的观点进行争论和评价，迅速说明自己的想法即可。

下面的训练与练习可以帮助你学习使用头脑风暴法。通过这个练习，你可以掌握头脑风暴法的特点和原则。

训练与练习　回形针的用途

问题：
在短时间内尽可能多地想出回形针的用途。

总结：
你可能会想出很多用途，如用它当牙签、戒指、画框挂钩、衬衣链扣、植物造型的工具、进攻性武器、饮料的冰块搅拌器等。

25.2.3 SWOT 分析法

SWOT 是由四个英文单词的首字母组成的，包括：Strengths（优势）、Weaknesses（劣势）、Opportunities（机会）和 Threats（威胁）。SWOT 分析法是一种战略分析工具，它通常用于对一个组织、一个企业进行分析，也同样适用于对一个团队进行分析。我们可以利用 SWOT 分析法（内容详见《个人与团队管理》第Ⅰ单元介绍），找出问题的解决方法，从而开发团队的潜能。

步骤与方法　SWOT 分析法的步骤

第一步：观察你的团队，从以下角度分析它的优势和劣势：
○ 文化和结构，如灵活性和信任度水平或团队对客户的关注程度；
○ 资源配置的效果，包括资金、信息、时间、原材料等；
○ 团队的技能；
○ 提供服务的质量；
○ 在客户和顾客中的声誉。

第二步：观察你的团队，从以下角度分析它所面临的机会和威胁：
○ 工作结构，如新的工作方式、需要掌握的新的工作技巧；
○ 组织战略，如团队在整个公司中处于什么地位、公司如何看待它；
○ 资金，如成本最小化、价值最大化；
○ 竞争对手，如外包、与其他部门合并的可能性。

第三步：考虑怎样增加你的团队的优势和机会，减少劣势和威胁。

我们通常把 SWOT 分析法所涉及的内容整理在表格中，如表 25-1 所示。

表 25-1　SWOT 分析法所涉及的内容

优势	劣势
机会	威胁

25.2.4 水平思考法

水平思考法由爱德华·德·布诺（Edward de Bono）发明，它不像 SWOT 分析法那样有系统性，需要涉及我们所说的创造性思维。这种方法试图采用非传统的或表面上不合逻辑的方式解决问题。

案例与讨论　罗伯特的水平思考会议

罗伯特组织了一个关于减少工作中事故的水平思考会议。他走到活页挂板前写上"elephant"（大象）这个词，他告诉每个人用与此相关的词语或概念进行思考。很快，大家提出了下面的想法：

"……象鼻，大象用象鼻保护自己；人们穿游泳裤游泳，游泳裤是特制的服装。所以对于某些工作来说，穿着合适的服装和佩戴个人保护设备是很重要的。"

"……重，大象很重，重意味着庞大，庞大的物体会导致事故。它们占用很大的地方，难于搬运，你移动它们时得弯着腰……它们掉下来会砸伤人。我们需要一些关于固定工作设备、人工搬运、装车和抬升的规章制度。"

"……大象不喜欢老鼠。老鼠在地面上乱窜，就像在你的脚下摆放的物品、乱丢的设备容易使人绊倒，所以需要制定一些规则。"

问题：
在实际工作中，哪些问题可以利用这种方法进行解决？

总结：
这是一件令人惊奇的事，你可以信手拈来任意一个词，紧接着就是一连串与问题相关的思考。这样很有趣，可以使大家都参与进来。以上案例中的这种思考的方法能够帮助人们想出解决问题的各种方法，也能找出最优的方法，重要的是能提高团队成员的积极性。

你可以通过下面的训练与练习，试试运用水平思考法解决问题。

训练与练习　水平思考法

问题：
下面是两个经典的水平思考的问题，试着跳出常规的逻辑，运用水平思维找出答案。

（1）一个男人住在大楼第十层，他每天乘电梯到第一层去上班。他回来时，乘电梯到7层，然后走楼梯到第十层。他痛恨走路，但为什么不直接乘电梯到十层呢？

（2）一个男人走进酒吧，向侍者要了杯水。侍者拔出一把枪指着这个男人。这个男人说声"谢谢"，然后走了出去。为什么？

总结
答案有很多可能性，下面的回答是水平思考法分析的结果之一。在第一题中，这个人个子比较矮，所以在电梯没有其他人的情况下，他按不到电梯里八至十层的按钮。在第二题中，这个男人打嗝，所以他才向侍者要水。侍者见状，用枪吓唬他，帮他止住了打嗝。

从上面的练习可以看出，水平思考法是一种非常重要的方法，它经常能够帮助人们解决一些非常规的问题。

总之，上文介绍的这些解决问题的技巧能够帮助我们思考自己面临的问题，并使用一些技巧来寻找解决方案。但有时你会发现，问题不只存在一个解决方案，这就需要进一步分析，找到最佳解决方案。

下面这个训练与练习是对本节所学的各种解决问题的方法和技巧的应用，可以帮助你进一步理解和巩固所学的知识。

训练与练习　方法的应用

问题：

这个练习分为两个部分：第一部分介绍集体参与解决问题的步骤，第二部分介绍如何使用本节提到的解决问题的方法和技巧解决目前所面临的问题，并验证方法是否有效。

第一部分

表25-2涉及一些集体参与解决问题的方法。请按如下步骤填写：

（1）列举几种情况，在这些情况下，吸引他人参与会使问题得到更有效的解决；解决操作中的实际问题；与团队生产效率、服务、健康与安全相关的一些问题；评价以前的问题是否成功解决；等等。

（2）让谁参与：高层管理者、团队成员、其他员工或外界人士等。

（3）通过什么方式参与：团队会议、问卷调查、单独会谈等。

表25-2　解决问题的方法

何时使用参与的方法	让谁参与	通过什么方式参与

第二部分

（1）试着用本节中提到的技巧来解决你在工作中碰到的一些问题。

（2）提交结果。验证这些方法对解决问题是否有效，效果如何，这也是需要你提交的内容。

总结：

通过本练习，你可以更清楚地理解本节所讲述的解决问题的方法和技巧，在以后的学习过程中，你还将用到它们。

25.3 第三步：做出决策

我们不能也不愿无限期地推迟决定。通常，耽搁的时间越长，问题就会变得越糟。但是，并不是所有的解决方案都是好的（如果我们一直在使用创造性思维的话，其中一些方案可能是比较极端的），所以我们需要做出选择。那么，这个选择该怎么做出呢？

选择解决方案时通常需要设定一些标准，常用的是可行性（Feasibility）、适用性（Suitability）、可接受性（Acceptability）的标准（简称 FSA）[①]。当然，选择解决方案不必完全依照 FSA 标准，其中哪（几）条适用就用哪（几）条。

25.3.1 方案的可行性

方案的可行性通常包含两个层次的含义：
- 它是否有助于解决问题，能否实现所设定的目标，这是第一层次；
- 方案的实施需要耗费多少资源，也就是方案的实施成本，这是第二层次。

如果成本太高，方案就无法继续下去；如果人们认为这个办法无法解决问题，也就没有必要采纳。需要注意的是，这两种情况都不能说明问题无法解决，因为所有的决策过程都存在着不确定性。

我们通常采用两种方法来确定解决方案的可行性，第一是成本—效益分析法（相关内容见 21.2.2"如何进行成本—效益分析"介绍），第二是风险评估（相关内容见 21.3 "风险评估"介绍）。

步骤与方法　成本—效益分析

提出一个表面上看似能够减少成本，实际上却增加成本的方案是最糟糕的事。例如，用计算机代替人工似乎效率更高，但计算机的成本费用很高，并且和人工一样问题百出。所以必须分析方案的成本和效益，以防止错误判断的发生。成本—效益分析在 21.2 中已有详细介绍，在此不赘述。

为了确保公平性，最好对每个方案采用同样的成本—效益标准。例如，假设我们需要为办公室选购一台计算机，现在有两种不同的计算机摆在面前供选择，我们的标准可能如表 25-3 所示。

---

① 兰伯特. 解决问题和决策 [M]. 天向互动教育中心，编译. 北京：清华大学出版社，2004.

表 25-3　成本—效益分析表

成本	效益
硬件	性能
软件	物有所值
保险	效率——速度快慢和硬盘大小
维修	用户界面是否友好
安全和健康	可靠性
技术支持	设计
培训	兼容性和灵活性

如果想分析得更准确，可以在分析中实行打分制，而不是简单地说"不好""好"或"最好"。例如，我们可以用货币计算真正的成本—效益（非常精确），或者用 5 分制打分，1 分代表低成本或低效益，5 分代表高成本或高效益。对每个方案都做成本—效益分析，具体到本案例，对每台计算机都要进行分析，看它们是否可为我们所用。把每栏的分数相加，可以看出每个方案的成本和效益以及效益是否多于成本。

这种 5 分制的排列方式称为标准矩阵，表 25-4 是根据上文的计算机案例编写的一个例子。

表 25-4　成本—效益计分表

成本	分数	效益	分数
硬件	5	性能	3
软件	4	物有所值	3
保险	2	效率——速度快慢和硬盘大小	3
维修	2	用户界面是否友好	4
安全和健康	1	可靠性	3
技术支持	2	设计	2
培训	3	兼容性和灵活性	3
总计	19	总计	21

通过这个表格我们可以看出，上述案例中效益是大于成本的。这个方法比较粗糙，仅用作参考。如果做报告或写论文，需用专业的方法和数据。

检验方案可行性的第二个方法称作风险评估或风险分析（相关内容见第 21 章介绍）。在做决定时，可能面临哪些类型的风险？我们通过下面的案例与讨论进行分析。

案例与讨论　三星手机召回事件

风险评估不当，会造成不明智的决策，三星手机召回事件就是个例子。

2016年8月，三星发布新款智能手机Note7。8月24日起，三星连续收到Note7在充电时发生爆炸的投诉。9月初，三星宣布，因电池缺陷问题，召回澳大利亚、美国等10个国家和地区的共250万台该款手机。在中国销售的手机并没有采用问题供应商提供的电池，因此不召回。中国消费者普遍不满三星公司采取歧视性政策。此后，三星被中国国家质检总局约谈，宣布召回在中国大陆地区销售的1800多台手机，仍被认为缺乏诚意。10月11日，三星宣布召回在中国大陆地区销售的全部Note7，约19万台。在巅峰时期，三星手机曾经独占市场20%，2018年下滑到0.8%。

问题：

三星手机召回事件中，三星在中国采取不同措施，是因其错估了哪些风险因素？

总结：

任何一个方案的失败，并不是因为一个方面的因素，它通常受到各方面因素的影响，是许多因素共同作用的结果。下面的训练与练习是针对以上的案例做出的分析。

训练与练习　产生风险的因素

问题：

在决策过程中，你要面临各种不同类型的风险，试着从这个角度来分析三星手机召回事件，并写下你的想法。

总结：

○ 影响风险评估的因素是显而易见的：

（1）时机。三星手机召回事件中，三星召回在中国大陆地区销售手机的最佳时机是什么时候？

（2）资金。手机召回涉及哪些环节，需要多少资金？

（3）人员。面对中国庞大的消费者群体，需要多少人员协助完成召回？

（4）政治。如何应对中国国家质检总局的约谈？

（5）管理。是否所有三星决策人员都同意召回在中国大陆地区销售的手机？内部如何做出正确决策？

○ 根据以上的分析，我们评估风险时应该考虑以下这些情况：

（1）决策能准时执行吗？

（2）现在是做出决策的合适时间吗？

（3）财务风险有哪些？

（4）人们会接受这项决策吗？

（5）高层管理者会同意这项决策吗？

○ 在做决策时，你可以利用下面的方法对风险进行评估：

（1）草拟一张潜在问题的清单，内容包括时机、资金、人员、政治和管理。

（2）每项的最后结果按 1~5 分打分，1 分表示最后结果非常好，5 分表示最后结果非常差。

（3）根据你的方案，按照每个方案的最后结果存在的概率从 1~5 排列，1 表示不太可能，5 表示非常可能。

（4）将每个方案里的最后结果和概率相乘，得分最高的风险最高。

从上面的分析我们可以看出，风险评估时应该考虑很多方面的因素，这样才能使风险水平降到最低。

如果现在要进行某项决策，有若干方案供你选择，那么我们要试着对它们进行风险评估，并从中找出风险最高和风险最低的解决方案。但是要注意，不能只要看见某个方案有风险就将其排除掉。如果不承担风险，我们就不可能改变任何事情，许多企业就是在承担风险的过程中发展壮大的。

25.3.2 方案的适用性

适用性是 FSA 标准的第二条，我们必须以此衡量适用性的方案。

回想四步法的第一步，解决问题时需要设定目标，这样你才能知道决策要达到什么目的，这就是我们所说的"适用性"。如果目标是"每小时生产 500 件玩具"，那么每小时生产 450 件玩具的方案就不合乎标准。

在聘用员工时，经理们常常会列出一些选人标准，比如个人特长等。我们可以在决策中采取同样的方法，设定一些我们认为合适的标准，以此来判断方案是否合适。例如，标准可以是质量、价值、时机、机动性、可靠性、可接受性等。

25.3.3 方案的可接受性

可接受性是 FSA 标准的第三条，它是指决策能否得到利益相关者的赞同。利益相关者指能够或即将影响我们所做决定的人，包括高层管理者、员工、客户和供应商。

可接受性是比较难以实现的，因为你不可能同时让所有人都满意。有些决定尽管很难做出，却是必需的。例如，如果必须解雇团队中一半的成员，那么我们应该询问团队成员是否可以接受这个决定、自己能否符合团队发展需求。如果决策是有利于组织和团队的，那么这种决策就应该被采纳。

决策可能对某些利益相关者来说是不可接受的，但是我们可以影响他们，说服他们，事情总有发生转机的可能。比如，通过人员的自然流动可以让裁员无痛苦地实现，或者通过协商，拿出一个让双方都满意的方案。

步骤与方法　利益相关者分析

利益相关者分析可用于评估一个决策的可接受程度，当然，它评估的对象往往是那些比较棘手的决定，这些决策可能会对某些人产生不利的影响。利益相关者分析法的具体运作如下：
- 第一步：在图表的第一栏里填上所有影响你的决策的关系人名单；
- 第二步：在第二栏中，根据列出的关系人影响力（实力）的大小给他们打分，分数为1~5分，1分代表最没有影响力（实力），5分代表最有影响力（实力）；
- 第三步：圈出一至两个具有较大影响力的人，这些人对你做出决定的可接受程度有重大影响。

下面这个训练与练习是对上述方法的应用。

训练与练习　利益相关者分析

问题：
请分析对你的决策有影响的那些利益相关者，填写表25-5。

表25-5　利益相关者分析表

利益相关者	影响力（实力）（1~5）

总结：
通过上面的分析，你可以清楚地了解利益相关者对决策的可接受程度。

延伸与拓展　灰度决策

> 灰度决策的提出者为小约瑟夫·巴达拉克（Joseph L. Badaracco）。现实中，非黑即白的问题少之又少，大多数问题都处在"灰色地带"。你在生活和工作中背负的责任越大，可能面临的灰度问题就越多。这些问题具有VUCA的特点，即易变性（volatility）、不确定性（uncertainty）、复杂性（complexity）和模糊性（ambiguity）。
>
> 如果你是一位在中型企业工作的高级管理者，现在遇到一个问题：你和三个管理者共用一个助理。这个助理已经在公司工作了三十多年，成绩很好，但是最近几个月

> 她的工作能力逐渐下滑，没有人知道原因。其他几位管理者想要辞退她，但是你担心严格的人事标准（遣散费数额很少）会对她造成难以恢复的伤害。你陷入两难中。
>
> 　　不论大小，所有灰度领域的共同特点是我们该如何处理它。你会在公司内部给她另谋职位还是直接解雇她？你又以何理由解雇她，给她多少遣散金呢？当你剥夺她谋生的手段时，你能否对她报以尊重和怜悯之心？当你面对一个灰度问题时，你也背负着很大的压力。这种压力不只来自你的组织，也来自周围其他人和你所生活的社会，与此同时，当你成功解决了一个灰度问题时，你的管理技能也得到了历练和提升。
>
> ——资料改编自：巴达拉克. 灰度决策：如何处理复杂、棘手、高风险的难题[M]. 唐伟，张鑫，译. 北京：机械工业出版社，2018.

25.4　第四步：执行和评估

做出决策以后，我们还需要执行决策，然后评估其效果，如果实施效果没有预期效果好，那么我们就需要对决策进行一些调整。毕竟，决策的好坏在事后才能见分晓。

决策的实施要涉及多种计划和组织。例如，一个项目的实施会包括以下内容：
- 组织资源——资金、设备、原材料、数据、人力和时间；
- 确定任务，制订进度计划；
- 分配任务和责任；
- 建立监测系统和评估程序。

25.4.1　执行决策

决策的执行环节很重要，因为只有决策真正得到执行后，别人才能知道我们为什么要这样做，我们也可以通过决策的执行来评估决策所产生的影响，并取得决策实施人员的支持。在决策的执行过程中，可以向人们介绍这项决策以得到他们的最后赞同，也可以让人们参与这个过程，帮助他们接受此项决策。当然，还可以在人们的参与过程中获得人们对决策的反馈。除非我们有非凡的领导魅力，否则，人们对于突然冒出的决策是难以接受的。

25.4.2　评估和成效测定

我们要保证该决策能够解决想要解决的问题。我们可以通过监测和评估密切关注决策的实施，一旦出现异常情况，就可以迅速做出调整。

第 25 章 决策的步骤

同时,你大概已经有标准衡量这项决策是否奏效。例如,假如你经营的是一个生产玩具的企业,最初"每小时生产 500 个玩具"的目标实现了吗?是否维持了一段时间?你采用的适用性标准(譬如质量、价值、时间、机动性、可靠性、可接受性)如何?这些指标都是可以衡量的吗?例如,质量合格率可以由每 500 个玩具中合格的玩具比例计算,可靠性可以按进度完成水平来确定等。

总之,做决策时要果断,执行也要有灵活性。如果某个方案不奏效,就应该及时放弃。

以上内容介绍了决策的四步法,通过对本章内容的学习,你已经掌握了一些决策技巧,请完成下面的训练与练习。

训练与练习　制定决策

问题:

该练习包括三部分:

第一部分:请描述个人决策的标准;

第二部分:现在把重点放在你要进行的某项决策上,全面考虑该项决策可能会造成的影响;

第三部分:在决策的过程中如何与人沟通?请对采取的沟通方式进行评价。

第一部分

你擅长决策吗?请回答下面的问题:

(1) 列出你最近做出的错误决策。(2~3 个即可)

　　a. _____

　　b. _____

　　c. _____

(2) 如何才能更好地做出决策?回想本章的内容要点,在表 25-6 中列出 3 条,作为你以后进行决策的标准。

表 25-6　个人决策的标准

个人决策的标准
1.
2.
3.

第二部分

根据决策取得的绩效,你可以对决策进行评估。首先要考虑决策给团队管理者以及他人都造成了哪些影响及后果（正面的和负面的），把它们依次填写在表25-7中，然后对这些影响及后果进行评估。

表25-7 决策评价表

关系人	正面结果	负面结果
团队管理者		
他人		

第三部分

完成表25-8，以便评价你在决策过程中所采用的沟通方式是否合理，可以参照以下要点：

（1）你在做哪种决策时会选择与人沟通？例如，工作变动问题、健康与安全问题、人事调动问题、具体操作问题、团队及预算问题、成本和服务问题。

（2）在决策时，你通常和谁进行沟通？例如，个人、团队、同事、高层经理、供应商、客户。

（3）你应该对如何扩大沟通范围及如何提高沟通效率有一些建议。例如，可以采用发电子邮件的沟通方式，也可以召开会议进行交流。在交流时，应尽量让更多的人参加。记住，你的目标是获得利益相关者的支持。

表25-8 决策过程中的沟通情况

哪些决策需要与人沟通	跟谁沟通	如何提高沟通效率

总结：

上面的练习说明在做决策时，应该三思而后行，要制定一些标准，然后对决策进行评估。这里所收集的信息对你以后的学习也很有用。

本章小结

本章我们学会了利用四步法解决问题，即查明问题、寻求解决方案、做出决策、执行和评估；同时，我们也了解到，在实际工作中，造成问题的原因并不是唯一的，我们可以借助不同的方法进行分析，思考哪种解决方案是问题的最优解，评估不同方案带来的风险，最终做出适当的决策。

思考与练习

1. 头脑风暴法有哪些原则？
2. 简述 SWOT 分析法中 "SWOT" 的意义。
3. 决策分成几个步骤？
4. 如何执行和评估决策？

第 26 章　决策方法及技巧

学习目标
1. 了解蓝海决策；
2. 了解一些新的决策方法；
3. 掌握制定决策和解决问题的技巧；
4. 重点掌握如何进行创造性决策。

学习指南
　　前两章的内容主要讲的是问题和决策及解决问题的方法——四步法。本章将进一步介绍制定决策和解决问题所需的技巧，以及怎样改进目前所用的技巧。在此基础上，本章将深入介绍如何利用创造性思维进行创造性决策，并且将引入一些新的决策方法，如六顶思考帽、类比法、换角色思考法等。

关键术语
　　决策　创造性决策　创造性思维　六顶思考帽　类比法　换角色思考法　蓝海决策

26.1　制定决策的技巧

26.1.1　决策技巧

在前面的内容中，我们已经了解了一些制定决策和解决问题所需的基本技巧，如：
○ 逻辑思维；
○ 水平思考；
○ 直觉思考；
○ 反复试验；
○ 收集和筛选信息；
○ 分析；
○ 注重细节；

第26章 决策方法及技巧

- 监测；
- 评估；
- 修改目标；
- 承担风险；
- 调查；
- 与别人沟通以及让别人参与。

需要注意的是，不要把决策和解决问题当成一种简单的技巧来对待，因为许多决策的制定都需要运用常规且系统的方法，都要用到调查、监测、评估和沟通等一般管理技巧。下面这个评测与评估可以帮助你测试自己在应用这些技巧时的自信程度。

评测与评估 制定决策的技巧

问题：

无论是制定决策还是解决问题，都会有很多的技巧，你在使用这些技巧的时候有没有信心？你的自信程度如何？按照5分制给表26-1中所列出的每个技巧打分，1分代表没有信心，5分代表信心充足。

表26-1 决策信心评测表

制定决策和解决问题的技巧	自信程度（1~5）
逻辑思维	
水平思考	
直觉思考	
反复试验	
收集和筛选信息	
分析	
注重细节	
监测	
评估	
修改目标	
承担风险	
调查	
与别人沟通以及让别人参与	

总结：

通过表26-1，你可以知道自己在哪些方面做得还不够好，如果你能够在这些方面多做一些改进，就会在将来解决问题和制定决策的过程中受益。应该怎样改进呢？下面，我们来学习一些改进的方法。

26.1.2 改进的方法

其实，学习本单元内容就是做出改进的第一步。也就是说，如果我们对本单元的内容感兴趣并从中学到了一些知识，再多读一些关于制定决策和解决问题方面的书籍，我们就可以更好地改进自己的不足。借鉴本单元讨论过的方法将大大提高我们处理问题的能力，但这些方法并不是放之四海而皆准的，当我们试用某个技巧时，要仔细想想它是否有效，怎样才能使它发挥更大的作用。本章后文的总结，会告诉我们何时使用何种方法（具体见表 26-4）。

在改进方法的过程中，我们要经常做一下总结。当做出明智的决策后，应该分析做出正确决策的原因；当做出错误的决策后，就要找出错误决策的原因。我们一定要弄明白导致正确的决策或错误的决策的原因有什么区别。

在任何场合或任何情况下，我们都可以练习使用处理问题及制定决策的技巧。比如下面的几种情况：

- 读书；
- 上培训班；
- 工作；
- 观察他人；
- 和别人一起出主意；
- 找一个安静的房间，关灯思考；
- 反省自己——下次可以吸取什么经验教训。

26.2 如何进行创造性决策

本单元所讲述的处理问题的方法大都比较系统化，而且富有条理性。但是，有时我们还需要用一些创造性的方法来解决问题，如开发新产品和服务、节省能源、改进激励机制或削减成本等。由于人们都具有思维定式，因此创造性思维比常规思维更难得。

请思考下面的案例与讨论。

案例与讨论　排队的差异

> 在排除等候时，星巴克横着排队、麦当劳竖着排队、迪士尼则是排成 S 形。其原因在于：星巴克的定位是社交，横着排队，顾客之间容易产生交流，可以一边等咖啡一边交流或者搭讪；而且更利于选购橱窗中精心陈列的点心，提升附加收益。麦当劳

作为快餐业，要营造更热闹更快捷的氛围，纵向排队追求速度和效率。麦当劳的所有用户体验都是围绕着速度和效率来构建的，一切在促成顾客快速用餐、快速购买和快速离开。迪士尼的排队是弯的，原因是每个项目等待要50分钟，S形会让顾客感觉终点马上就要到了，降低等待的焦虑感。

问题：
通过上面的案例，你对创造性决策有什么想法？

总结：
在做创造性决策时，需要明确品牌定位和价值主张，同时要了解客户的真实心理需要，将两者结合起来考虑，再做出决策。

26.2.1 创造性思维的障碍

利用创造性思维来解决问题是比较难的，因为它需要人们打破常规的思考方法。人们通常片面地认为创造性思维"是艺术家和诗人等创造性人才的事，与我无关"，从而给自己的创造性思维设置了障碍。通常，人们在工作中也有这方面的障碍：许多工作场所不鼓励员工发挥创造性思维，只要"把工作做完"就可以了；日常的管理规范也给员工造成很大压力，创造性思维不易发挥出来。其实不管是谁，都可以利用创造性思维方法。

有系统性思维习惯的人经常形成思维定式，从而使创造性思维更难以发挥。下面这个训练与练习可以帮助你分析在进行创造性思考时通常会遇到哪些障碍。

训练与练习　创造性思维的障碍

问题：
写下你进行创造性思维时可能遇到的障碍。

总结：
创造性思维方法是一种经常被人们忽视的方法，我们应该更多地利用这种方法，因为它能够帮助我们想到一些非常规的解决问题的方法。我们要学会善用开拓创新的方法，这样在解决问题的过程中容易出现意想不到的效果。

26.2.2 创造性思维过程

了解创造性思维的过程可能会使我们更富有创造性。英国的领导学权威研究者约翰·阿戴尔（John Adair）在《制定决策和解决问题》（*Decision Making and Problem Solving*）（1997）一书中对创造性思维过程做出如下解释，如表26-2所示。

表26-2　创造性思维过程

过程	内容
准备	你要收集相关的信息并分类，尽可能彻底地分析问题，并探讨可能的解决方案
深思熟虑	大脑里不断地对问题进行分析、综合、想象和评估。对问题进行细化，然后把它们重新进行组合，这并不是一个简单的拆分组合，中间还要进行一些思维加工，当然加工所需的配料就是贮藏在你记忆中的知识
顿悟	也可以称为"找到啦"阶段，头脑中会逐渐或突然冒出一个想法，这通常发生在你抛开问题，心态特别放松的时候
确认	在这个阶段可以发挥一个人的评价才能。一个新的主意、顿悟、直觉、预感或方案需要进行全面的测试

注意，按照阿戴尔的观点，创造性思维的过程是非常系统的，尤其是开始和结束两部分。

26.3　新的决策方法

要更好地进行决策，就要使用更多的决策方法。我们已经在第25章中学习了一些决策方法，如头脑风暴法和水平思考法。下面，我们讲述另外一些新的决策方法。

26.3.1　六顶思考帽

六顶思考帽（内容详见《个人与团队管理》第Ⅵ单元介绍）是由爱德华·德·布诺开发的一种思考方法，他认为思考方式有六种不同的类别，如果团队成员能把所有的思考能量一次聚焦在一种思考方法上，那么，这样的思考将最具有建设性。

每种思考方式由一顶具有比喻性的帽子颜色代表。在团队里，这个方法取决于每个参加的人。参加者同意象征性地戴上某顶彩色帽子，并使用帽子颜色所代表的思考方法进行思考。六顶思考帽鼓励人们进行平行思考，而不是冲突性思考，具体内容如表26-3所示。

表26-3　六顶思考帽

帽子颜色	代表	
白色	中立与客观	事实、数据化的信息、资料
红色	情感与感觉	情绪上的直觉、感觉和预感（而不考虑原因）
黑色	警示与批判	对事物负面因素的主意、判断和评估
黄色	乐观与肯定	运用正面的分析来帮助发现机会
绿色	创新与改变	产生新的想法、寻找新的解决方案
蓝色	整体与控制	思维过程的控制与组织

通常我们认为，由戴蓝帽子的人（一般是什么会议的主席）主持并指导讨论。例如，他可以这样说："白帽子思考的方法很好，下面我们开始戴黄帽子思考。"我们可以使用这种方法，对备选的问题解决方案做出最终选择。

延伸与拓展　TRIZ方法

> TRIZ方法的英文全称是Theory of the Solution of Inventive Problems，是阿奇舒勒（G. S. Altshuller）创立的，中国将其直译为"萃智"，意译为"发明问题解决理论"。1946年，阿奇舒勒在苏联里海海军的专利局工作，在处理世界各国著名的发明专利过程中，他发现，任何领域的产品改进，技术的变革、创新都是有规律可循的。人们如果掌握了这些规律，就能能动地进行产品设计并预测产品的未来趋势。
>
> TRIZ方法共总结了四十个创新原理及实例。例如：改变颜色原理，应用于感温奶瓶（温度高于45℃，瓶身变为红色）、会发光的斑马线、可感应儿童体温的衣服；复制原理应用于VR虚拟现实系统（虚拟训练飞行员系统）、用光学复制品代替实物（如用卫星照片代替实地考察，用彩超评估胎儿的健康状况）、复制各种动植物的形状（将电线杆做成动物或植物外形）。
>
> 目前大部分决策思维都是基于心理学设计而成的，如头脑风暴法、六顶思考帽等，TRIZ理论则基于科学技术。相对于TRIZ，基于心理学的创新方法抛开了不同领域中的基本知识，这使其在实际运用中会受到使用者经验、技巧和知识积累水平的限制。TRIZ理论揭示了创新发明的内在规律及原理，帮助我们快速地确认并解决系统中存在的矛盾，现广泛应用于工程技术领域并逐步向其他领域渗透和扩展，应用领域涵盖自然科学、社会科学、管理科学、生物科学等。
>
> ——资料改编自：李梅芳，赵永翔. TRIZ创新思维与方法：理论及应用 [M]. 北京：机械工业出版社，2016.

26.3.2　类比法

类比法是一种水平思考方法，我们可以使用它理解问题的本质或寻找解决方案，即把要解决的问题同其他事情做一个类比，从中找到问题的解决思路。请思考下面的案例。

案例与讨论　找象和选人

> 为某岗位选聘合适的人选好比在英国寻找大象。这两种活动有什么共同点呢？

英国确实有大象，但只限某些区域。我们要找的人才在哪儿？我们为什么没找到合适的人才？第一点：扩大招聘广告网。

大象住在动物园里，应该得到特别照顾，否则它们就会不太适应。第二点：这份工作提供的报酬足够吗？

英国的气候对于大象来说不是最理想的。第三点：组织的气氛如何？需要革新企业文化吗？

大象由专业人员照顾。第四点：是借助于广告网络，还是从招聘机构中寻找潜在人才？

如果捕猎大象，你需要一支猎枪。如果带着这支枪在英国四处游逛，就显得不太聪明。第五点：我们的方法巧妙吗？

大象有不同种类，分为非洲象和亚洲象。那么，我们对所需人选的要求是否过于苛刻？第六点：再次检查对选才的要求。

大象也可以在马戏团找到，因为那是个专业场所。第七点：通过专业媒体做广告。

问题：

运用类比法解决你目前面临的问题。记下问题的要点，并写出所有可能的解决方法。

总结：

类比法能够解决一些临时的、突发性的问题，帮助你找出比较好的解决方案。

26.3.3 换角色思考法

换角色思考法也是一种水平思考方法。站在别人的立场上，看待自己目前面临的问题，这样我们就可以对自己做出的决策进行更客观的评价，而且对别人的处境也会有更深的体会。例如，可以设想一下你作为职员在店铺里劳累一天的情形，或者从客户的角度观察自己的产品和服务。经过思考后，你认为最理想的解决问题的方案是什么？你可以提出一些想法，然后对这些想法进行详细的评估，这样就会发现里面可能有很多方案都是可行的。"我要是有钱买这套新的计算机系统就好了。"也许你真的有这笔钱，关键是你研究过所有的付费方式和优惠措施吗？

本单元介绍了许多制定决策和解决问题的方法和技巧。这里进行一个简单的总结，并介绍这些方法在什么时候使用最为合适，如表26-4所示。

第26章 决策方法及技巧

表26-4 决策方法和技巧的适用情况

方法的类型	思考类型	何时使用 (解决问题的四步法在哪里最有效)
类比法	创造性	第1步：查明问题 第2步：寻找解决方案
头脑风暴法	创造性	第1步：查明问题 第2步：寻找解决方案 第3步：做出决策
水平思考法	创造性	第1步：查明问题 第2步：寻找解决方案
换角色思考法	创造性	第1步：查明问题 第2步：寻找解决方案 第3步：做出决策
六顶思考帽	创造性	第2步：寻找解决方案 第3步：做出决策
集思广益	创造性或推理性	第1步：查明问题 第2步：寻找解决方案 第3步：做出决策 第4步：执行和评估
鱼骨图	推理性	第1步：查明问题
成本—效益分析	推理性	第3步：做出决策
业绩衡量	推理性	第4步：执行和评估
风险评估	推理性	第3步：做出决策
利益相关者分析法	推理性	第3步：做出决策
SWOT分析法	推理性	第2步：寻找解决方案
紧迫性和重要性	推理性	第3步：做出决策
5W2H分析法	推理性	第1步：查明问题

请根据表26-4，选择合适的方法来解决下面训练与练习中的问题。

训练与练习 斑马是谁的？

问题：

在这个练习中，你要解决两个问题：一个问题是推理性问题；另一个问题包括两个小题，这两个小题都是经典的水平思考问题。

第一部分——斑马是谁的

有5座房子，每座房子有5个不同颜色的门，5座房子里住着5个不同国籍的人，他们喜欢5种不同的饮料和5种不同的食物，养了5种不同的宠物。

(1) 澳大利亚人住在红门的房子里；
(2) 意大利人养狗；
(3) 绿门的房子里的人喝咖啡；
(4) 乌克兰人喝茶；
(5) 绿门的房子紧邻白门房子，在白门房子的右边（你的右边）；
(6) 吃蘑菇的人养蜗牛；
(7) 苹果在黄门的房子里被吃掉；
(8) 牛奶在中间的房子里；
(9) 挪威人住在左边第1座房子里；
(10) 吃洋葱的人和养狐狸的人住隔壁；
(11) 吃苹果的人在养马的人隔壁；
(12) 吃蛋糕的人喝橘子汁；
(13) 日本人吃香蕉；
(14) 挪威人住在蓝门房子的隔壁。

请问：谁喝水？谁是斑马的主人？

提示：不用担心没有提到的东西，将它们留到最后，你就知道把它们放在哪里了。办法很简单，将数据分类填在一个5×5的表格中，房子按行排（房子1、房子2等），房子里的人、食物等内容按列排。这样做很有条理性，但是难免要多试几次。按上述（1）至（14）的顺序，首先把你已知的东西填入，然后试着填入有两种可能性的内容。完成表格后重复这个顺序，检查事实是否符合以上的说法。

第二部分

下面的谜题并不难，它其实非常简单，但你必须打破常规的思考方法。

(1) 一天晚上，A君在家读一本有趣的书，他的妻子把电灯关了。尽管屋内漆黑一团，A君仍然手不释卷，读得津津有味。这是为什么？

(2) 一个男人在推车，到达一家饭店时他停下来，马上认识到自己破产了。为什么？

答案：

★ 第一部分：挪威人喝水，日本人养斑马。如表26-5所示：

表26-5 人与物的对应矩阵表

标志	房子				
	房子1	房子2	房子3	房子4	房子5
门	黄	蓝	红	白	绿
国籍	挪威人	乌克兰人	澳大利亚人	意大利人	日本人
宠物	狐狸	马	蜗牛	狗	斑马

续表

标志	房子				
	房子1	房子2	房子3	房子4	房子5
饮料	水	茶	牛奶	橘子汁	咖啡
食物	苹果	洋葱	蘑菇	蛋糕	香蕉

推理方式如下：

（1）把你知道的确切答案填入矩阵的表格——（8），（9）和（14）。

（2）有两种可能答案的信息——（5）。

（3）如果你把白门和绿门放在第三栏和第四栏，问题就不能解决。如果你把它们放在最后，（1），（3），（7）和（11）是正确的，然后填入这些空格。

（4）另一个有两种可能的答案——（2）。

（5）如果你把意大利人放在绿门房子里，问题就不能解决。如果放在白门房子里，（4）和（12）说得通。因此你把这些填入，得出挪威人喝水，（13），（6）和（10）也成立，可填入。最后，得出的结论是日本人养斑马。

★ 第二部分：

（1）因为A君会盲文，他那时阅读的书是盲人书籍，可以不用眼睛看，用手摸就可以知道里面的内容。

（2）这个人在玩"大富翁"游戏（一种多人策略图版游戏，参赛者分得游戏金钱，掷骰子及依靠游戏策略，买地、建楼以赚取租金）。

有了上述答案以后，你是否觉得这些问题都很简单？

总结：

解决问题的方法有常规的思考方法，也有创造性思考方法，所以在解决问题的时候，应该根据具体问题应用不同方法。

26.3.4 蓝海决策——新时代的博弈

蓝海决策，也叫蓝海战略（Blue Ocean Strategy），是由欧洲工商管理学院的W. 钱·金（W. Chan Kim）和勒妮·莫博涅（Renee Mauborgne）提出的。现在企业中很流行两个概念，即"红海"和"蓝海"。

○ 红海战略，是指市场竞争已经白热化，产品、服务同质化严重，企业利润微薄甚至负利，企业在这样的市场中竞争、搏杀，价格战此起彼伏，最后两败俱伤，所以人们形象地把这种市场状况称为红海。对于红海市场，未进入的企业就没有必要进入。

○ 蓝海战略，是指通过创新，无论是经营管理创新、营销创新还是商业模式创新等，改造现有的体系，从成本、消费群体、消费方式转变、产品服务升级等诸多方面实现创新，从而跳出红海，开辟属于自己的蓝海市场空间，达到盈利的目的。需要注意的是，蓝海的开拓是建立在时间效力之上的，在新开辟的市场中很快会有跟进者，从而又会出现红海的情况。所以企业必须保持领先，不断地超越自己，不断发现新的蓝海，保持盈利水平。

步骤与方法　蓝海决策六项原则

○ 重建市场边界；
○ 注重全局而非数字；
○ 超越现有需求；
○ 遵循合理的战略顺序；
○ 克服关键组织障碍；
○ 将战略执行建成战略的一部分。

本章小结

企业只有通过不断的创新才能抓住新时代下的新机遇。在本章，我们主要学习了在制定决策时所使用的方法和技巧及选择解决问题的方案时的各种方法。同时，我们了解了一种非常有效的决策方法——创造性决策，以及一些新的决策方法，如六项思考帽、类比法、换角色思考法等。掌握了这些方法，我们在管理中遇到问题时，就可以准确评估，并选择适当的决策技巧。

思考与练习

1. 在制定决策和解决方案时有哪些技巧？
2. 创造性思考时会遇到什么障碍？
3. 创造性思维过程包括什么？
4. 人们的思维方式有哪些？它们分别有哪些特点？
5. 六项思考帽的内容是什么？
6. 你能列举一些新的决策方法吗？

实践与实训

指导：

实践与实训是本单元中十分重要的部分，你将通过它梳理在这一单元所学的知识。本单元实践与实训要求你做出一个周详的决策计划，解决你在工作中面临的一个重大问题。

1. 你要着手解决哪个重要问题？或者，你要进行哪项重大决策？
2. 你将如何应对你的问题？你将如何进行决策？

记住使用四步法：

第一步：查明问题。
○ 问题类型——是人的问题还是工作流程的问题？
○ 你的目标是什么？
○ 你将采用什么方法帮助自己解决这个问题？

第二步：寻找解决方案。
○ 你现在有什么方案值得一试？
○ 你将采用什么方法帮助自己寻找解决方案？

第三步：做出决策。
○ 就目前而言，你认为哪个方案最可行？
○ 你将采取什么方法帮助自己下定决心？

第四步：执行和评估。
○ 在执行阶段最可能成功的事情有哪些？
○ 你将采用什么方法帮助自己执行和评估？

3. 当你到达第三步并已经做出决策后，完成下表，它会帮助你制定和实施决策。

制定和实施决策

需要做什么	需要什么资源	谁能帮助我	怎样帮助我	什么时候完成

4. 现在，回顾你解决问题和制定决策的整个过程，回答下列问题：

第一步：查明问题。

（1）事后你觉得对此问题的理解达到了什么程度？

（2）在整个过程中你设定的目标起到指导作用了吗？

　　（3）所选方法的效果如何？

第二步：寻找解决方案。

　　（1）你对可能的解决方案改变想法了吗？在哪些方面改变了想法？为什么？

　　（2）所选方法的效果如何？

第三步：做出决策。

　　（1）你做出了什么决定？容易实现吗？你是否改变了初衷？为什么？

　　（2）所选方法的效果如何？

第四步：执行和评估。

　　（1）在实施决策过程中出现了什么问题？所做的决策正确吗？你有没有动用备选方案？

　　（2）所选方法的效果如何？

总结：

　　通过上面的实践与实训，我们对四步法有了一个系统的了解，同时也掌握并运用了一些本单元所讲述的解决问题和制定决策的方法与技巧，进一步巩固了所学知识。

单 元 测 试

一、单选题

1. 某公司经常发生原材料供应跟不上需求的问题,常常被迫停产待料,这严重影响了公司的生产。这种情况属于(　　)。
   A. 工作流程的问题　　　　　　　　B. 管理者本身的问题
   C. 人的问题　　　　　　　　　　　D. 不可避免的问题

2. 一家小企业的老板,当企业的收入高时,他便多发奖金给大家;一旦企业产品销售状况不好,他就少发甚至不发工资。一段时间后,他发现大家只愿意"有福共享",而不愿"有难同当"。在公司有难时甚至还有员工离开公司,或将联系到的业务转给别的企业,自己从中拿提成。这种状况属于管理者经常遇到的(　　)。
   A. 人的问题　　　　　　　　　　　B. 工作流程的问题
   C. 人与工作流程的问题　　　　　　D. 管理者本身的问题

3. 赵经理在日常工作中经常会遇到很多方面的问题,其中人与工作流程的问题在于其(　　)。
   A. 不确定性　　　B. 确定性　　　C. 共存性　　　D. 相对性

4. 张总在工作中遇到一个问题,不能马上凭直觉做出决定,同时也不能借助常用的四步法来处理,这时,他可以通过(　　)决策解决此类问题。
   A. 直觉型　　　B. 搁置放弃型　　　C. 常规型　　　D. 反复试验型

5. 爱迪生分类试验1 600多种不同耐热的材料,最终确定用钨丝,这样既节约了成本又延长了灯泡的寿命。爱迪生这种决策的类型属于(　　)。
   A. 反复试验型　　　B. 直觉型　　　C. 思考型　　　D. 常规型

6. 公司要求参加会议的人员使用头脑风暴法在短时间内尽可能多地想出回形针的用途。这个时候参加会议的人员应遵守的原则是(　　)。
   A. 及时评论、自由发挥、数量至上、综合改进、无须评论
   B. 暂不评价、自由发挥、数量至上、综合改进、无须评论
   C. 及时评价、自由发挥、质量至上、综合改进、无须评论
   D. 暂不评价、自由发挥、质量至上、综合改进、无须评论

7. 小辛为了解决团队管理过程中出现的问题,决定与团队成员进行一次充分的交流。这属于决策技巧中的（　　）。
  A. 逻辑思维　　　　　　　　　　B. 反复试验
  C. 与别人沟通以及让别人参与　　D. 类比法

8. 小胡为了解决在管理过程中出现的问题,把候选方案一个一个地进行试验,直到找到合适的方案为止。这属于决策技巧中的（　　）。
  A. 类比法　　　　　　　　　　　B. 反复试验
  C. 与别人沟通以及让别人参与　　D. 收集和筛选信息

9. 由于业务拓展的需要,销售总监辛先生决定提升一位下属为华北区的总代表,于是他请求人力资源部门配合对几个候选人做了一下绩效评估。在此决策中辛先生采用的决策技巧是（　　）。
  A. 水平思考　　B. 直觉思考　　C. 监测　　D. 评估

10. 小李所在的客户服务团队发现,顾客最近的投诉率明显上升,于是编写了问卷发放给顾客,了解具体原因。这属于决策技巧中的（　　）。
  A. 逻辑思维　　　　　　　　　　B. 类比法
  C. 与别人沟通以及让别人参与　　D. 调查

二、案例分析

  在零售业面临日趋激烈的国内外竞争环境下,某购物中心却一枝独秀,经营业绩连年大幅度增长,创下每平方米销售量连续两年在全国大型百货商店中排名第一的佳绩。

  但是,购物中心的刘总经理认为公司还要解决的问题是,如何通过适当的价格,在适当的时间,以适当的方式,为顾客提供他们需要的商品和服务,从而让所有股东、员工、供应商等其他利益相关者满意。问题核心在于如何在有效满足顾客需求的前提下获得最大的资本效益。

  依据调查和分析,他们做了如下工作:

  (1) 调查研究。围绕"顾客是谁?他们需要什么?"等问题,某购物中心的相关人员进行了反复、细致的顾客研究。

  (2) 进行新的业态组合。根据市场研究的结果,某购物中心创造性地将超市与百货商场两种业态进行了有机组合,起到了互相促进、互相补充、连带消费的作用。

  (3) 某购物中心创造性地把"顾客到某购物中心的交通方便与否"作为其商圈划分的依据。他们根据交通状况,确立了"南客北调"的基本思路,以中轴线和电车沿线区域及某购物中心附近的消费群体作为其主要争取的顾客。
（4）无论什么时候都要保证商品的质量。
（5）要提供优质的服务。

根据以上案例，回答以下各题。

1. 某购物中心要解决的问题是如何通过适当的价格，在适当的时间，以适当的方式，为其顾客提供他们需要的商品和服务，从而让所有股东、员工、供应商等其他利益相关者满意。根据制定决策的"四步法"，公司首先要做的是（　　）。

  A. 查明问题　　　B. 寻求解决方案　　C. 做出决策　　D. 执行和评估

2. 某购物中心要想有效地查明并解决所遇到的问题，可以利用SWOT分析法，其优势和劣势的分析角度一般不包括（　　）。

  A. 文化和结构　　　　　　　　B. 竞争对手
  C. 团队技能　　　　　　　　　D. 提供服务的质量

3. SWOT分析法是一种有效的战略分析工具，它通常不用于对（　　）进行分析。

  A. 组织　　　　　B. 企业　　　　　C. 团队　　　　　D. 时间安排

4. 某购物中心"调查研究"属于决策制定四步法中的（　　）。

  A. 查明问题　　　B. 寻求解决方案　　C. 做出决策　　D. 执行和评估

5. 某购物中心决定进行新的业态组合，属于决策制定四步法中的（　　）。

  A. 查明问题　　　B. 寻求解决方案　　C. 做出决策　　D. 执行和评估

扫描二维码，查看参考答案

第Ⅷ单元　变革与创新管理

　　无论喜欢与否，骤变已经成为当今的一种生活方式。我们生活在一个动荡的环境中，变化常在，未来难料。小到软件升级，大到兼并重组，企业里也充斥着变革。面对变革，你可能感到恐惧或兴奋，抑或两者都有。我们或许会热烈欢迎，或许会无奈接受，或许干脆坚决抵制，采取何种态度取决于我们怎么看待变革及其本质。

　　事实上，变革带来的许多恐惧和愤恨，都是源于人们对变革缺乏认真的思考，没有进行充分沟通或者管理者的引导不力。既然变革不可避免，那么，学习如何领导变革，就成为管理者的一项关键技能。同时，如何在变革中进行创新，从而推动企业的发展，也是管理者不得不考虑的重要问题。

　　在本单元，你将学习如何面对变革。由于每次的变革都不可能是完全一样的，所以我们很难给出一个放之四海皆准的秘诀来帮助大家充分利用变革并从中受益。尽管如此，本单元广泛吸取了处理工作变革的经验，帮助大家从不同的视角探察变革。本单元的知识将帮助大家分辨变革的类型，认识变革的原因，识别人们对变革做出反应的各种方式并且想办法帮助人们适应变革，学会分析变革的状况，学会根据分析结果制订适当的计划。在本单元结束时，大家可以在工作中更为自信地处理变革，并且能够领导变革，抓住变革的机会，学会创新，从而推动企业的发展。

变革与创新管理

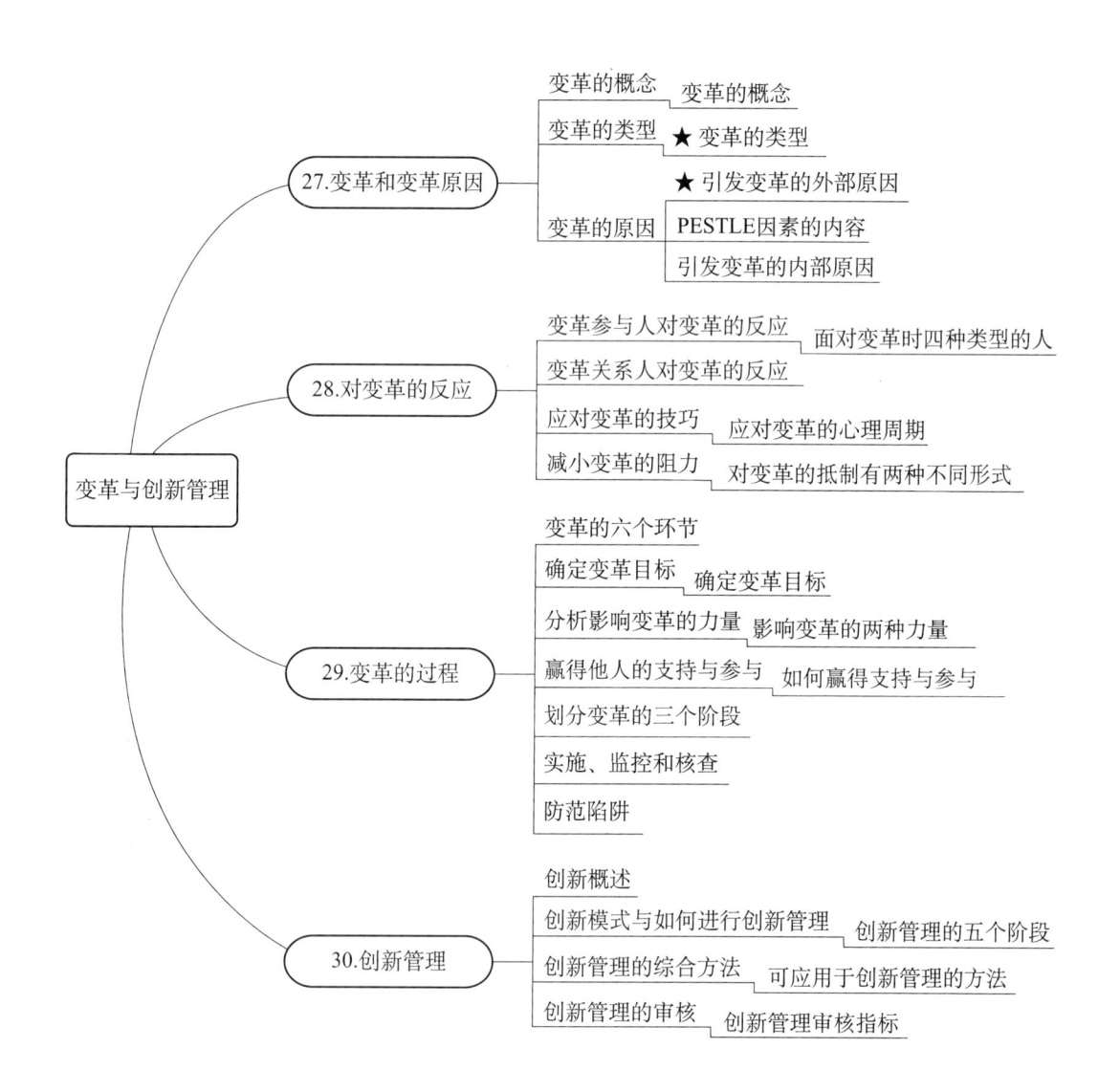

27. 变革和变革原因
- 变革的概念
  - 变革的概念
- 变革的类型
  - ★ 变革的类型
- 变革的原因
  - ★ 引发变革的外部原因
  - PESTLE因素的内容
  - 引发变革的内部原因

28. 对变革的反应
- 变革参与人对变革的反应
  - 面对变革时四种类型的人
- 变革关系人对变革的反应
- 应对变革的技巧
  - 应对变革的心理周期
- 减小变革的阻力
  - 对变革的抵制有两种不同形式

29. 变革的过程
- 变革的六个环节
- 确定变革目标
  - 确定变革目标
- 分析影响变革的力量
  - 影响变革的两种力量
- 赢得他人的支持与参与
  - 如何赢得支持与参与
- 划分变革的三个阶段
- 实施、监控和核查
- 防范陷阱

30. 创新管理
- 创新概述
- 创新模式与如何进行创新管理
  - 创新管理的五个阶段
- 创新管理的综合方法
  - 可应用于创新管理的方法
- 创新管理的审核
  - 创新管理审核指标

★代表该部分是案例重点考核内容。

扫描二维码，学习本单元概况

第 27 章　变革和变革原因

学习目标

1. 了解变革的概念；
2. 掌握变革的两种类型；
3. 重点掌握引发变革的原因。

学习指南

企业面对的一切环境都是变化的。变革管理就是指面对这些变化企业如何进行管理。变革管理变得越来越重要是因为企业越来越重视创新，创新不仅是技术的创新，还是观念和管理的创新。企业要创新就要进行战略上、结构上和人员上的调整，这一系列调整都会使企业发生新的变化。企业创新越多，变化就越多，变革管理就越重要。

面对变革，人们常会不知所措。本章将帮助你初步了解变革，辨识两种完全不同类型的变革，并学会采取合适的方法推进这两种变革的进行。另外，我们还会探究引发变革的原因。一旦掌握了这些因素，我们将能预知某些变革的发生，从而游刃有余地控制变革。

关键术语

变革　激进式变革　渐进式变革　变革的原因　PESTLE 因素

27.1　变革的概念

工作中总是充满变革。例如：工业革命使大批劳动者能够在固定时间、固定地点共同工作；而近几十年来，伴随着科学技术的进步、互联网和物联网的广泛应用，劳动密集型产业向知识型产业转变，人们的工作方式再次发生剧变，像弹性工作制和在线工作之类的新鲜事物使一些人从固定时间和固定场所的工作方式中解脱出来。

现代生活中，变革数量之多与变革速度之快令人瞠目结舌。以前人们希望工作一生不变，有一个清晰的职业道路，而现在每个人都可能会换数个工作或职业。目前，许多企业为了保持竞争力，也会不断重组、兼并或转变所有权，裁员和再培训更是司空见惯。

公司可能出现的变革包括：公司换商标、部门改名称、电话接线员和话务员合并成一组等。不仅工作中有变革，在日常生活中你大概也正经历着变革：智能手机、网上银行和网上购物等都改变了我们的生活方式，我们的家庭生活也遇到了越来越多的变化。

变革无处不在，但变革并非都是好的，它必须有合理的理由、明确的目的，并以正确的方式进行，才可能获得成功。不适当的变革或只是为了变革而变革，会极大地破坏团队的士气。因此，作为企业管理者，需要确认引发变革的原因是否合理，变革能否带来适当的结果，能否为企业带来效益。

请回顾一下你所经历的家庭生活或工作中的变化，完成下面的训练与练习。

训练与练习　变革回顾

问题：

首先，列举你最近经历的生活中的三个变化。例如，在移动终端上追一部新电视剧，使用某 APP 并按要求每天增加半小时运动时间，等等。

(1) _____

(2) _____

(3) _____

接着，在表 27-1 的第一列中列出一年来你工作中发生的三个变革，第二、三、四列暂时先不必填写（在本章后面部分你还将用到此表）。

表 27-1　工作中的变革

工作中出现的变革	变革的类型（激进式或渐进式）	变革的原因	原因分析	
			外因或内因	被动或主动
例1. 部门重组，办公区域合并				
例2. 更新发票系统				
1.				
2.				
3.				

总结：

这是一个变革的时代，无论是在个人的生活中，还是在工作中，每天都会发生许多事。本练习可以使你在回顾发生的这些事情时，更真切地体会到变革无处不在。

27.2 变革的类型

27.2.1 激进式变革

激进式变革指的是通常会影响整个组织的变革。一旦成功实施该变革，会得到非常显著的效果，组织内部和外部都将会明显受到影响。关于激进式变革也有一些其他的说法和定义，从这些说法中我们可以了解激进式变革的更多特点。

○ 重大的、根本性的。

激进式变革会对整个组织产生重大影响，并能够改变组织的根本。例如，组织的机构重组和企业中的流程再造，都是能够改变企业的产品和服务的根本性变革。

○ 转变性的。

成功的激进式变革会转变人们的思维方式和行为方式。例如：如果组织进行了重组，说明组织的部门设置必然改变，员工也必须随之建立新的工作关系和新的工作方式；如果组织引进了全面质量管理法，员工就需要转变对同事的看法，团队需要转变对组织内部其他团队的看法，要将其他的员工和团队看作内部的"客户"和"供应商"。

○ 非连续的。

激进式变革常常要求与旧工作方式断然决裂。生产或服务中的陈旧方式总会失去活力，而新的方法必定会取而代之。有时激进式变革刚好发生在危机爆发之时，这时事物已经不能按照旧的方式运行了。

○ 自上而下的。

激进式变革通常是由高级管理层发动的。团队管理者要做的就是贯彻和实施影响到自己团队的那部分变革。当然，同时他们也要对整个组织的变革计划有所了解，以便在整体计划的精神指导下进行改革。也有例外的情况，比如下面的案例与讨论就是自下向上的激进式变革。

案例与讨论 自下而上的激进式变革

> 一般来说，激进式变革都是自上而下发生的，但有时激进式变革也会自下而上地爆发。
>
> 杜总一向不喜欢移动办公，手机打卡、视频会议、协作文档、远程培训……杜总通通不接受。去年，几家客户抽不出那么多时间参加集中培训，从而提出网络课程的需求。客户希望将线下课程的一部分内容放到网上，先进行网络教学，再参加线下培

训,从而缩短固定时间地点教学的课程时间。杜总认为网络不靠谱,拒绝了,因此损失了几家客户。

突如其来的疫情打断了正常工作方式的运行,自我隔离的生活迫使线下办公停了下来。可是,项目不等人,工作必须继续。这时,员工们开始自发开展网络办公。线上的讨论、电子文档的合作编写、视频课程的录制……一切是那么不同,却又有条不紊地进行着。最让杜总吃惊的是,之前流失的那几家客户,听说开办了网上课程,又主动要求合作。这次疫情不仅没有使公司损失客户,还把失去的客户又挽救了回来,甚至还增加了一些慕名而来的新客户。

从此以后,杜总再也不反对移动办公了,反而建立了新的项目组,专门负责网络培训,让员工用手机就能随时完成教学任务。不知不觉中,一场技术革新就这样完成了。

问题:

想一想你的工作当中发生的激进式变革,它们是否有自下而上发生的?

总结:

由于激进式变革会影响到组织的根本运行,所以大部分都是由高级管理层主导和推动的,但也有极少数的变革会自下而上地发生,如上面的案例。这种由"下面"引发和推动的激进式变革,大多是技术革命或者由某种突然发生的危机造成的。

激进式变革有时会令人不安,尤其当其涉及裁员或职务调整的时候,对员工士气极具破坏性。因此,高级管理层需要做大量工作来维持员工士气。对于团队领导来讲,即使自身受到了变革的威胁,也有责任对团队成员进行鼓励。

激进式变革有时是对压力的反应,如竞争者降低价格等;有时是由组织主动引发的,如新的 CEO(Chief Executive Officer,首席执行官)和具有雄心壮志的股东所做的主动性举动。需要注意的是,激进式变革应该具备充足且正当的理由,应该有明确的目的并以适当的方式进行,否则整个组织将会陷入危机中。

27.2.2 渐进式变革

渐进式变革是持续进行的变革(如图 27-1 所示),它不像激进式变革那样剧烈。与其说它是一种变革,不如说是种演变。例如,计算机软件的更新、处理消费者投诉方法的改善、电子元件装配顺序的改进等,都是渐进式变革的例子。

第27章 变革和变革原因

图 27-1 渐进式变革

渐进式变革一直在影响着组织，但是不会明显地改变整个组织，它具有以下特点：
- 细微的。

这些变革对组织整体的影响很小，常常只对组织的一部分产生影响，比如说仅对某个团队有影响。
- 自然发生、自下而上。

渐进式变革通常是由那些做具体工作的人（向上级）提出的。
- 递增的、持续的、不间断的。

渐进式变革是一个递增的、持续的、不间断的过程，因而它不像激进式变革那样没有连续性。在渐进式变革中，人们能够看到新的行为方式是怎样一步一步地从旧状态转变而来的。

实施渐进式变革的组织或团队会积极地鼓励员工不断寻找更好的方法来提供服务或制造产品，这些组织和团队始终处于不断的变革中。

能够不断改进的组织被称为学习型组织，因为它们全身心投入、不断学习。这类组织通常都有详尽的发展计划。

渐进式变革的循环如图 27-2 所示。渐进式变革从认清变革的必要性、团队参与，到确定目标、制订计划，再到实施和总结，然后继续进行循环，不断改进。

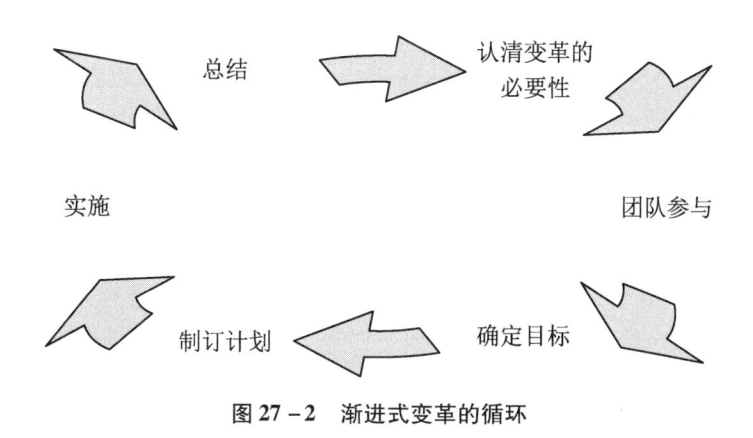

图 27-2 渐进式变革的循环

案例与讨论　小组讨论

> 某企业营销部门经理发现，由于消费者偏好的变化，本企业的王牌产品在市场上受消费者喜爱的程度越来越低，于是决定每半个月增加一次会议，讨论过去这半个月消费者偏好的改变并制定相应的应对措施。
>
> **问题：**
> 你所在部门和团队有没有类似的活动？
>
> **总结：**
> 注重发展和变革的团队通常都非常重视渐进式变革。他们总是采取各种方式提高员工的技能，从而不间断地推动组织的发展和进步。

另外，由于渐进式变革着重对运营和操作过程进行改变，因而它通常比激进式变革更容易进行。团队领导者应该倡导和鼓励团队成员在工作中进行渐进式变革。但是要注意，在进行渐进式变革时，需要确定每个小变革是否适当，也就是说变革应该：

○ 有正当的理由；
○ 有明确的目的；
○ 有最佳的改进方法。

根据以上内容，完成下面的训练与练习。

训练与练习　变革回顾

问题：
回到前面训练与练习中的表27-1，在表27-2中填写第二列，用R表示激进式变革，用G表示渐进式变革。第三、四列先不必填写。

表27-2　工作中的变革

工作中出现的变革	变革的类型 （激进式或渐进式）	变革的原因	原因分析	
			外因或内因	被动或主动
例1. 部门重组，办公区域合并	R			
例2. 更新发票系统	G			
1.				
2.				
3.				

第 27 章　变革和变革原因

总结：

区分激进式和渐进式变革至关重要，因为它们将决定你的应对方式。在激进式变革中你需要适应最大限度的改变；在渐进式变革过程中，作为团队领导者，你将对其有更多的控制权。

27.3　变革的原因

引发变革的原因有很多，从利率变动、消费者需求变化、竞争对手的新举措到团队内部成员的新想法，所有的这一切都可能导致企业组织的变革。管理者只有真正了解了变革的原因后，才可能预先关注这些因素，一旦变革出现，也会早有准备，做出正确的应对。

关注变革原因的时候，既要注意来自组织外部的原因，也要注意来自组织本身即组织内部的原因。同时，还需要确定引发变革的原因是否合理，并确保计划中的变革适合组织和团队的发展。

27.3.1　外部原因

组织外部的变革看起来与自己无关，但如果不重视，也会带来毁灭性后果。以下是一些引发变革的外部因素：

○ 经济环境因素。

经济政策的调整、经济体制的改变等都是引发变革的重要原因。例如，国家大力推行供给侧结构性改革，企业更加注重减少无效与低端供给。

○ 技术进步因素。

通信技术的进步是引发变革的主要外部原因之一，如互联网的普及为网上购物、电子银行和全球化开辟了市场。

○ 竞争因素。

竞争者采取的新举措会带来变革。例如，竞争者主动降低价格、改善服务，或采取送货上门的方式，会使他们在市场上占据优势地位。一个企业要想立于不败之地，就必须率先变革，否则会处于被动地位，丧失市场份额。近年来，计算机和移动信息技术等行业发展迅速，其企业文化的精髓就是不断变革。

○ 消费者因素。

消费者的需求或投诉也会成为引发变革的原因，如消费者对绿色水果和绿色蔬菜的需求增加，就会引发相关产业的结构调整。

○ 人口统计学因素。

人口年龄结构的变化，如老年人的比例不断增长，会引发相应的需求，因此企业需要为了迎合他们的需求而进行变革。

○ 私有企业因素。

越来越多的私有企业出现，对很多产业都有深远影响。

○ 全球化因素。

很多企业开始在全球范围内开展业务，因此员工需要了解其他国家的文化背景并具有"国际头脑"。

注意下列可能会导致你的企业变革的因素，我们称之为"PESTLE"因素（相关内容见《个人与团队管理》第Ⅴ单元介绍）。

步骤与方法　PESTLE 因素

○ 政治的（Political）。

例如，2020 年 9 月，内蒙古自治区安排 4 亿元专项资金扶持乳业发展。

○ 经济的（Economic）。

例如，利率下调给房地产市场带来空前繁荣的景象，注意到这一变革的房地产经纪人就要为交易量增加做好准备。

○ 社会的（Social）。

例如，人口普查报告表明单身家庭增多，这可能导致小型洗衣机的需求量不断增长。

○ 科技的（Technological）。

例如，互联网的普及为网上购物带来了无限商机。

○ 法律的（Legal）。

例如，对健康和安全法规的修订使得企业要相应地修改他们的工作流程。

○ 环境的（Environmental）。

例如，越来越多的消费者对环保产品的需求为新产品和新的销售方式创造了机会。

对以上造成变革的外部原因进行分析，然后做下面的训练与练习。

训练与练习　总结变革的外部原因

问题：

参考以上引起变革的外部原因，列出你所在公司在过去 3 年内导致变革发生的外部原因以及这些外部原因是如何影响你的公司的。

第 27 章 变革和变革原因

总结：

事后再看已经发生的事情，总觉得问题很简单。问题的关键是从这些变革的规律中找到新的趋势和模式，使你能够预见公司未来将会受到何种影响，并知道应该如何应对。

27.3.2 内部原因

一些变革是由组织内部因素引起的，这些变革可能来自：

○ 团队外部因素。

这些变革源于企业的其他部门。例如，当财务部门更改付款日期时，销售团队需要相应地改变他们的财务体制。团队外部的变革意味着团队领导需要应对这些改变：目标、时限、成本构成或团队工作的最终期限。这些变化是由外部带来的，所以必须小心应对。

○ 团队内部因素。

这包括团队内部主动进行的变革，可能是管理和工作流程上的变革。例如，团队如果需要缩短订购流程的时间，那么可以使用快递达到此目的。虽然这些变革可能需要寻求高层管理者的赞成和支持，或得到相关部门的同意或合作，但团队领导对这些变革基本上是可以完全掌控的。

27.3.3 主动变革和被动变革

有些发生在团队中的变革是主动性的，也就是团队中的领导者和成员倡导了这些变革，并有更多的控制权，这样的变革称为主动变革。

事实上，很多对团队有影响的变革是由其他人或其他事件引起的，团队领导不得不适应其他人的变革，或因无法控制而被动地接受，这样的变革可以称为被动变革。被动接受的变革很可能导致挫败、批评和抵制之类的消极反应。在一些极端的例子中，由于某些原因人们突然陷入危机，不得不进行变革。例如：呼叫中心的计算机系统突然停止工作，就需要计算机顾问马上予以修复；2020 年全球流行的新冠肺炎疫情给全球经济带来了严重的危机和一系列不良后果。

请根据这些内容，完成下面的训练与练习。

训练与练习　变革分析

问题：

回到前面训练与练习中的表 27-1 和表 27-2，按照下面的例子在表 27-3 的第三列中写出导致每个变革的主要原因。在第四列的第一栏中写出导致变革的原因是外因（E）还是内因（I）；在第四列的第二栏中写出变革是被动的（R）还是主动的（P）。

表27-3 工作中的变革

工作中出现的变革	变革的类型 （激进式或渐进式）	变革的原因	原因分析	
			外因或内因	被动或主动
例1. 部门重组，办公区域合并	R	激烈的价格竞争导致成本降低和部门重组	E	R
例2. 更新发票系统	G	某些人的建议	I	P
1.				
2.				
3.				

总结：

做这样的练习，能够帮助你对过去的变革进行分析和回顾，识别变革的类型和原因，并能帮助你预先为团队可能遇到的变革做好准备。

通过本章的学习，我们了解了变革的特点，变革无处不在，那么怎样才能预测未来可能发生的变革呢？请完成下面的训练与练习。

训练与练习 预测变革

问题：

请参照下面的要点，完成表27-4。

○ 确定什么原因可能使你的团队发生变革，包括外部原因和内部原因。你可以与经理以及同事交流，了解当前组织所面临的压力以及变革将对你的工作产生的影响。

○ 识别哪些是外部的原因，哪些是内在的原因。

○ 预测并描述你的工作团队中会发生怎样的变革。

○ 检查变革是否适当。

○ 变革是否有充分的理由？

○ 变革是否有明确的目的？

○ 变革是否能以最佳方式给组织带来提高和改进？

○ 思考变革是激进式还是渐进式的。

表27-4 对变革的分析

变革的原因	外因还是内因	对变革的预测	变革是否适当	激进式还是渐进式

第Ⅷ单元　变革与创新管理

总结:

你可能会发现,有些潜在的变革也许不是完全适当的。了解导致变革的原因能使你更好地预测团队对变革的反应,并做好变革计划。我们将在第28、29章中探讨这些问题。

本章小结

在本章,我们首先了解了变革的概念;接着区分了两种类型的变革——激进式变革和渐进式变革;最后学习了引发变革的外部原因和内部原因,并区分了主动变革与被动变革。

思考与练习

1. 分别举出生活和工作中五种变革的例子。
2. 什么是激进式变革?其特点是什么?
3. 什么是渐进式变革?其特点是什么?
4. 变革的外部原因一般包括哪些?
5. 如何分析变革是主动的还是被动的?

第 28 章　对变革的反应

学习目标
1. 了解人们面对变革时的不同反应；
2. 了解变革关系人和变革的阻力；
3. 掌握人们应对变革的四种类型；
4. 掌握人们抵制变革的原因；
5. 重点掌握应对变革的心理周期；
6. 重点掌握减轻抵触情绪的方法。

学习指南

变革的关键是人。无论面对何种变革，要想获得成功都需要得到各方支持，这包括团队内部的合作和组织其他部门的协作，但人心难料——团队领导者很难判断一个人对变革的态度。因此，团队领导的课题是如何鼓励人们接受变革，帮助他们度过变革期。

本章将研究和讨论人们面对变革的一些常见反应，并重点介绍一些帮助人们调整自己以适应变革并消除抵制行为的技巧。在学习本章的过程中，团队领导不仅要反思自己对待变革的态度，还要探究团队每个成员的反应。

关键术语

应对变革的类型　变革关系人　应对变革的心理周期　变革阻力　抵制变革

28.1　变革参与人对变革的反应

面对变革时，变革参与人的反应可归纳为以下四种类型：
○ 类型一："领导者"——赞同并倾尽全力实施变革。

这个类型的人也许会说："弹性工作制真是太棒了！现在不仅仅是在周末，即使平常我也有时间与孩子一起运动了。"首先，团队领导者自己要担当起这一角色。同时，团队领导者可能还会发现团队中的一两个人也有这种"领导者"的反应，面对这种情况时，团队领导者应该鼓励他们，因为他们是在帮助自己。

第28章 对变革的反应

○ 类型二:"伪装者"——同意变革,但不会为此付出努力。

这个类型的人也许会说:"弹性工作制是个好主意,但为什么固定时段部分安排得这么早,我会碰上交通高峰期,很可能会迟到。"面对这样的人时,团队领导者要设法找出这些人不肯尽力的原因,因为作为团队领导者,需要得到尽可能多的帮助。

○ 类型三:"追随者"——并不真正认同但会尽力推动变革,因为他们信任变革的领导者。

这个类型的人也许会说:"我个人认为弹性工作制作用不大,这样我们就不能全天在一起工作了。不过公司这样安排总有它的道理,所以我愿意尝试。"作为团队领导者,一定要得到"追随者"的信任,并让他们看到变革的光明前景。

○ 类型四:"反对者"——抵制变革、消极怠工,甚至私下破坏变革。

这个类型的人也许会说:"我很习惯朝九晚五的工作制度。我会在下午4:45分移交工作,看看那些要早晨早到、下午早走的人都干了些什么。"作为团队领导者,应该努力找出反对者的抵制原因,并消除他们的疑虑。

根据上面所讲述的人们对待变革的四种类型,完成下面的训练与练习。

训练与练习 变革中的四种类型

问题:

想想你周围的人,如团队成员或同事,分别为下列四种角色找出1~2个实例,完成表28-1。

表28-1 变革中的四种类型

角色	属于这种类型的人	他们的行为	团队领导者的举措
领导者			
伪装者			
追随者			
反对者			

总结:

当然,一个人对不同变革的反应千差万别,他可能会对某些变革持肯定态度,却对另外一些变革持否定态度。总体而言,相对于强加于己的变革,变革参与人往往更喜欢自己选择的变革。但是很多时候变革不能被所有人所接受,这时领导者的举措具有很重要的作用。

由以上内容可以看出,面对变革,人们总会显示出不同的态度:有的人享受变革,喜欢其中的风险、刺激和接触新事物的感觉;有的人强烈反对变革,宁愿固守现有的状态,对未知的事物充满忧虑和恐惧;有一些人两种想法兼而有之;还有一些人对变革的态度介于这些态度之间。

下面的训练与练习能够帮助你进一步理解以上内容。

训练与练习　对待变革的态度

问题：

假如你已经安排好假期去旅游，结果突然接到通知说要加班，你的第一反应是什么？

临近加班的日子，你被通知，这次加班是陪客户出差考察，而考察的地方正好是你要去旅游的地方。你可以边挣加班费边逛完所有你想去的地方。这时，你的第一反应又是什么？

总结：

日常生活中的突发状况与变革很相似，从其中能看出你对变革的态度。你可能对变革热烈拥护，对其充满了期待，也可能对变革全盘否定，感到忧虑、恐惧或威胁。如果你对变革持否定态度，可以在本章后面谈到变革的阻力时，找出自己的原因。

人们通常对他们所欢迎的或认为对自己有益的变革采取积极的态度，即便如此，实施变革仍是个艰难的过程。要领导变革，团队领导就要首先将变革视为工作的一部分，视其为一个机遇、一种挑战。如果团队领导者对变革持否定态度，无论如何掩饰，团队成员都能感受到。相反，如果团队领导者对变革持肯定态度，那么就能更有力地说服人们接受变革。如果某项变革令团队领导感到不适，那就应该提出质疑，弄清这次变革产生的原因；如果发现变革并不恰当，就应该找出其症结所在。如果一味盲从上级的决定，就无法取信于自己的团队。

对变革持肯定态度的人更容易适应变革，团队领导者需要做的是动员那些并不渴望变革的人接受变革的现实。

延伸与拓展　态度改变模型

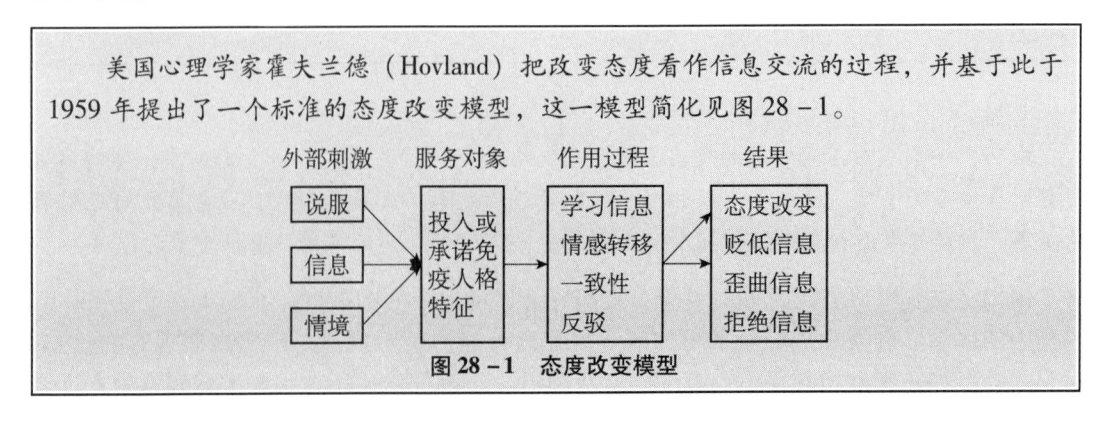

美国心理学家霍夫兰德（Hovland）把改变态度看作信息交流的过程，并基于此于 1959 年提出了一个标准的态度改变模型，这一模型简化见图 28-1。

外部刺激	服务对象	作用过程	结果
说服 信息 情境	投入或 承诺免 疫人格 特征	学习信息 情感转移 一致性 反驳	态度改变 贬低信息 歪曲信息 拒绝信息

图 28-1　态度改变模型

> 分析这一模型，可以看出，说服者、说服对象、说服信息和说服情境构成态度改变所关联的四个基本要素，其中说服者、说服信息和说服情境构成了态度改变的外部刺激。在态度改变的作用过程中，被说服者首先要学习信息的内容，在学习的基础上发生情感转移，把对一个事物的感情转移到与该事物有关的其他事物之上。当接收到的信息与原有的态度不一致时，便会产生心理上的紧张，一致性机制便开始起作用。一致性理论认为人们可以采用多种方式来减轻这种紧张，其中反驳就是减轻这种紧张的有效方式之一。按照认知反应论的观点，人们在接收到来自他人的信息后会产生一系列的主动思考，这些反应进而决定个体对信息的整体反应。这些信息所引发的反驳的数量及性质对态度的改变起着决定性作用，如果这种反驳过程受到干扰则产生说服作用，从而引起说服对象的态度改变；否则说服对象就会通过贬低信息来源、故意扭曲说服信息和对信息加以拒绝掩盖等方式来对抗说服，坚持自己原来的态度。
>
> ——资料改编自：彭博. 金融消费者行为学［M］. 北京：中国财富出版社，2016.

28.2 变革关系人对变革的反应

变革关系人是指团队之外的与变革有利益关系的人。团队领导者一定要提前考虑变革关系人对变革的反应，做到心中有数，因为这些人能推动变革，也能毁灭变革。

在激进式变革中，可能既有一些外部关系人（如消费者、供应商、行业组织或银行），又有一些内部关系人（如部门经理、团队领导者和其他员工）。而在渐进式变革中，关系人可能是组织内部的其他人或团队（如经理、财务部门和人事部门以及其他相关部门），有时也会涉及消费者之类的外部关系人。每个关系人都与变革有特定的利益关系。例如：培训部门对变革的反对可能是因为担心新的方法将迫使他们把以前的工作推倒重来；他们也可能热烈欢迎变革，因为这是一个检查他们培训成果的好机会。现在，请分析下面的案例。

案例与讨论 变革关系人和变革

> 为响应国家对企业提高产品质量的要求，某公司领导打算采取一系列激励措施鼓励生产部门提高产品质量，更加专心地进行产品生产，其中包括名誉奖励与金钱奖励。措施执行没多久，营销部门的许多员工就开始暗地讨论、一起抱怨了。"我们也这么努力为什么不给我们涨工资？""现在生产部门交货越来越慢了，如果不跟生产部门沟通我都不敢随便签单了。"许多抱怨、许多说法都传到了领导者耳中，于是领导者在

会议上解释，不管是生产部门还是营销部门，实际上都是一体的，产品质量上去了，产品价格也会相应提升，营销人员的提成也随之增加。并且高的产品质量更容易获得消费者满意，进而有更大机会提升消费者忠诚度，对营销部门的产品销售有非常大的好处。听到这样的解释后，很多营销人员就转变了态度，变得非常合作。

问题：

营销部门员工态度的转变说明了什么道理？

总结：

变革涉及各个团队的利益。只有真正解决团队的问题，并使变革关系人明白变革对他们是有利的，变革才能够获得足够的支持。决策者只有排除私心的干扰，做出最有利于变革的决定，才更容易动员变革关系人，推动变革的进行。

下面，我们对实际工作中与变革有利益关系的变革关系人进行分析。

案例与讨论　变革关系人

公司某部门领导为了鼓励员工工作，私下给员工争取福利，给予未在员工食堂就餐的员工每顿饭十块钱的补贴。这一福利仅在部门内部公布，因为这一福利会减少食堂就餐人数，食堂师傅的每餐补贴也会随之减少。

最近，给未就餐的员工发放就餐补贴的潜在规则被食堂发现了，食堂向公司营运部门举报。营运部门遵从公司规定，彻查此事，最终这一内部福利被取消，公司运营更加健康。

问题：

根据以上案例在表28-2中填写变革中的关系人，并写出：

（1）他们在变革中的利益所在——例如，他们想从变革中获得什么，变革对他们意味着什么？

（2）最初他们对待变革的态度是积极的还是消极的？

表28-2　变革关系人分析

变革关系人	相关利益	积极反应或消极反应

> **总结：**
> 团队领导者需要将变革的想法灌输给变革关系人，特别是那些出于某些原因反对变革的关系人；如果能够了解他们的利益所在，将有助于减少变革的阻力。

28.3 应对变革的技巧

28.3.1 应对变革的心理周期

了解应对变革的心理周期，有以下两方面的好处：
- 认识到变革常常会让人发怒和引发抱怨后，团队领导者就能更容易应付变革；
- 团队领导者会更好地帮助别人接受变革。

团队领导对待变革的态度无论是积极的还是消极的，在面对变革时，其心理都要经历几个阶段，其中有的阶段会令人感到不适。应对变革的心理周期如图 28-2 所示。

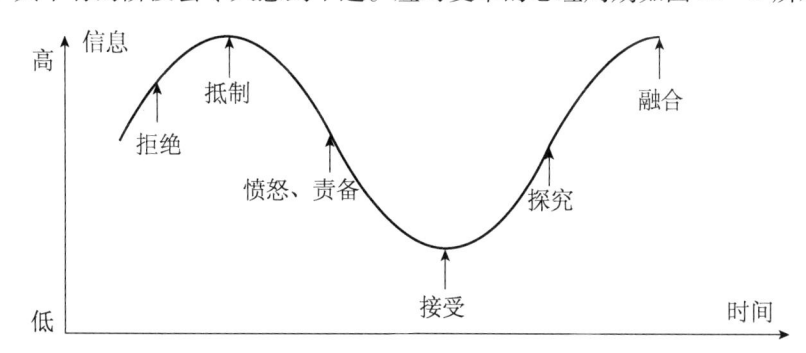

图 28-2 应对变革的心理周期

图 28-2 显示了这些阶段，并且显示了人们对变革的信心如何逐渐增强直到最终接受变革的过程。应该注意的是，团队中每个成员面对变革都会经历同样的周期，但每个人经历的方式却不尽相同。

步骤与方法　应对变革的心理周期

- 拒绝。

刚宣布变革时，人们总会在短时期内心存抵制，尤其是对于那些意想不到的、自上而下发生的变革。

- 抵制。

随着对变革的逐渐了解，人们开始对自己最初的反应产生疑问，同时，拒绝的决心也开始动摇，但还是存在抵制情绪。

○ 愤怒、责备。

克服抵制情绪后，人们仍会有恐惧感，并且变得敏感易怒，还常常责备他人，自信心进一步减弱。

○ 接受。

经过很长一段时间后，多数人最终开始接受变革，自信心也随之增强。

○ 探索。

这一阶段中，人们开始探索变革。

○ 融合。

最后，变革开始实施，人们开始与变革融为一体。

像所有的模型一样，这些阶段的划分只是对现实的简化。一些人在早期阶段就停滞不前了，还有一些人比其他人更快地适应变革。但重要的是我们要认识到人们在接受变革的过程中也经历着一系列的情感变化，正是这种变化使得接受变革更加困难。人们需要时间来忘却旧的、舒适的做事方法，适应新事物和新规则。

团队领导者更要经历这些阶段，同时还应该帮助其他人度过这些阶段。结合上述内容，请完成下面的训练与练习。

训练与练习　应对变革的心理周期

问题：

回顾最近对你产生影响的一个变革，图28-2能够帮助你理解自己对变革的反应。请写出你在每个阶段时的真实感受及每个阶段大约持续的时间。如果有时间也可以询问其他人如果遇到这种情况是什么反应，进而体会不同的人被同一变革影响的不同程度。

总结：

在经历变革的过程中，每个人在各个阶段所需时间不同。也许有的人不知不觉，几小时就可以完成各个阶段的转变，而其他人却要花上几天甚至几周的时间。也可能有的人在早期阶段就停滞不前，从未真正地接受变革。

28.3.2　帮助别人适应变革的技巧

以下是如何帮助别人——团队成员和变革关系人——顺利适应变革的一些技巧，从这些提示中可以看出，团队领导者应该更多地考虑别人的感受。

○ 自己尽快地接受变革，如果自己还处于愤怒、责备阶段，就不可能给团队中的其他成员带来太多帮助；

○ 了解变革中的每个人将以怎样的方式和速度接受变革；
○ 将变革接受周期的特点介绍给团队成员，让他们知道消极情绪的出现是很正常的，当对变革开始接受、探索变革并融入其中时，这种不良情绪就会减少；
○ 别人冲你发火，不要太计较，因为他们的怒火来自变革，而不是针对个人；
○ 畅谈自己对变革的感受和反应——这将鼓励团队成员各抒己见；
○ 听取人们的保留意见，帮助他们度过抵制阶段；
○ 注意滞留在早期阶段的人，要分别给予支持；
○ 让每个成员参与变革的计划和实施。

通过上面的学习，完成下面的训练与练习。

训练与练习　领导变革

问题：

回顾一下你和你所在的团队经历的变革。根据事后总结的经验，你认为怎样才能帮助自己、团队成员、变革关系人更好地应对变革？填写表28-3。

表28-3　更好地应对变革

变革	
我还能怎样帮助自己	
我还能怎样帮助整个团队	
我还能怎样帮助团队中的成员	
我还能怎样帮助变革关系人	

总结：

这个练习可以帮助团队领导者思考如何领导和推动变革。团队领导者必须采取一定的措施使团队成员尽快地接受和适应变革，必须使变革所涉及的所有人能够尽快地度过变革的各个阶段。另外，团队领导者还需认真履行职业责任，做好本职工作，以自身的行动得到变革关系人的支持。

28.4　减小变革的阻力

如果面对的是一个对自己毫无意义的变革，那么即使那些表面上看起来很积极的人，也可能会暗中抵制。激进式变革在某种程度上就像是通向未知领域的冒险，相对而言，渐进式变革的益处更显而易见。因此，人们对前者的抵制会比对后者的抵制更多一些。

如果处理不当，抵制对变革是极具破坏力的。因而，我们必须拿出时间来研究和预测人们对变革的抵制，并想方设法减少这些抵制。

一般来说，对变革的抵制主要有两种形式：公开反抗和消极抵制。公开反对或批评比较容易被发现；消极的抵制却总是令人难以察觉，如人们不积极参与讨论，甚至隐瞒、延误信息。

28.4.1 人们抵制变革的原因

以下是人们抵制变革的一些原因：
- 抵制阶段是人们接受变革的一个自然发展阶段；
- 变革被强加于人；
- 认为变革毫无作用，如技术原因；
- 认为变革的理由是错误的；
- 认为除了此种变革外，还有更好的选择；
- 不太尊敬或不太信任发起变革的人；
- 没有看到变革的好处；
- 对于变革缺乏足够的了解；
- 感觉没时间接受新事物；
- 感觉可能受到这些情况的威胁：工作量增加、丧失控制权、目前的地位、工作，等等；
- 害怕自己无法应付变革；
- 理智上同意变革，但在情感上一时无法接受；
- 觉得变革会破坏自己与老板制定的未成文的心理契约。

如果个人认为自己的利益受到了威胁，就会感到怨恨，并抵制变革。

当然，除以上列举的理由之外，抵制变革还可以有更多的原因。有的原因看似很有道理，但有些时候这些原因只是一些假想的困难。例如，销售代理商可能不愿推销一种新产品，因为他认为自己没有把握，但只要增强信心并加强训练，他其实能做得很好。

在某些人看来，想象中的问题同实际存在的一样，也需要认真对待。这可能是人们接受变革过程中的正常反应，也可能是缺乏信息和交流造成的。

请结合自己的实际工作，完成下面的训练与练习。

训练与练习　人们抵制变革的理由

问题：

回顾一下你曾经抵制过或正在抵制的变革。在表 28-4 中写出你的理由，并标出哪些抵制原因是假想中的困难造成的。

第28章　对变革的反应

表28-4　抵制变革的理由

抵制的变革	抵制的理由	假想的困难

总结：

从这个反思过程中我们可以体会到，抵制变革的某些理由并非真实情况。通过思考自己抵制变革的理由，我们便可以根据自己的切身体会，更好地帮助别人消除他们对变革的抵触情绪。

28.4.2　减轻抵触情绪

减轻抵触情绪的关键是站在他人的角度看问题。一旦了解了团队成员的心理，试着从他们的角度理解问题，团队领导者便会很容易地运用减轻抵触情绪的方法。例如，给那些害怕自己无法胜任新工作的人一些支持鼓励，或消除变革关系人的疑虑，使他们明白团队还会与他们继续保持利益关系。下面是一些减轻抵触情绪的方法。

步骤与方法　如何减轻抵触情绪

○ 及早商议。

团队领导者要为他人解释变革的理由和变革所期望的结果，但要避免为了商议而商议。

○ 不要施加过大压力。

团队领导者越是不断地以事实和数据说服人们接受变革，人们越会存在抵触情绪，尤其是在拒绝的早期阶段。

○ 了解团队成员和变革关系人，并预见他们的抵触情绪。

在了解的基础上，团队领导者才有可能准备好如何应对别人的抵触情绪。

○ 倾听抵制者的意见。

在变革过程中，团队领导者要找时间听取抵制者的意见并找到其担忧的原因。

○ 使团队成员完全融入变革。

团队领导者要尽可能地让团队成员参与变革的计划和实施，让他们有归属感。

○ 沟通，沟通，再沟通！

让人们了解变革的每个阶段非常重要，否则歪曲事实的谣言会使人们陷入愤怒。

○ 采取行动前减少抵制情绪。

在抵制情绪异常强烈时实施变革是毫无益处的，如果有可能的话，要首先缓解这种抵制情绪，然后再采取具体行动。

在有些情况下（如组织重组不得不进行裁员），一定会有失业者。面对这些人，团队领导者要给他们精神上的支持，帮助他们选择未来的事业。有时失败者转到另一个行业，反而会成为成功者。

案例与讨论　变革中的例子

> **例一：**"他们从来没有跟我们提过要换员工宿舍的事情，就直接把我们的宿舍重新分配好了。""虽然环境比以前的宿舍好多了，但还是一时难以接受，要搬很多东西。"员工的抱怨在换完宿舍几天后才有所缓解。
>
> **例二：** 为了体现更加人性化的公司文化，上级领导决定给每个员工宿舍配备一台空调，我在考察员工反应时，发现他们害怕每月的开销会上涨，于是我向上级申请每月给予员工一定的费用补贴。
>
> **例三：** 领导者根据市场情况决定对产品的生产研发部门进行进一步的更新变革，因此每隔一段时间都会发布一定的工作任务给研发部门。但是结果并不乐观，任务有时会很快完成，造成人员闲置，大多数会拖很久才完成。领导者总觉得自己布置的任务对研发精英来说没有问题，殊不知任务的难度有多大。
>
> **例四：** 有时公司领导者明白变革的复杂程度及难度，给员工布置超额任务，但是并没有采取其他相关激励措施提高员工士气。因此员工越来越消极怠工，变革结果不尽人意。
>
> **问题：**
> 从上面这几个变革的例子中，你能体会出如何在变革中减少员工消极情绪和反应吗？
>
> **总结：**
> 无论是什么类型的变革，总会引起一些人的抵触情绪。情感难以接受，物质损失，任务复杂等原因都会影响员工。要想获得变革的成功，管理者就必须使员工能够积极地参与变革。

上面提到的一些做法可以给团队领导者提供一些指导。团队领导者也可以总结自己的实践，想出适当的方法，结合下面的训练与练习做出分析。

第 28 章　对变革的反应

训练与练习　消除抵制

问题：

（1）在表 28-5 中列出你抵制变革的一些理由，并记下你应该如何来减少这种抵制。

（2）在表 28-5 中列出团队成员抵制变革的一些理由及你怎样做才能减少这些抵制。

（3）在表 28-5 中列出变革关系人抵制变革的一些理由及你怎样做才可以减少这些抵制。

表 28-5　抵制变革的理由及解决方法

抵制变革的人	理由	不利于变革的事情	如何减少抵制
我			
团体成员			
变革关系人			

总结：

在上面的练习中，可以结合自己的实践来思考如何解决自己、团队成员及变革关系人对变革的抵制情绪的问题。只有成功解决了抵制情绪的问题，才有可能使变革获得预想的结果。所以，引导团队和个人度过变革的每一阶段是很重要的。

请完成下面的训练与练习。

训练与练习　引导变革

问题：

此练习将帮助你思考如何引导人们度过即将到来的变革期。

（1）请思考你的团队即将面临的变革。这个变革可能是激进式的，也可能是渐进式的。将这些变革列在下面：

　　a._____
　　b._____
　　c._____

（2）你认为变革关系人和团队成员对变革会做出何种反应？请在表 28-6 的第二列中标出每个人对变革的反应是积极的（P）还是消极的（N），或者你对他们的反应无法确定；在第三列标出他们是（Y）否（N）会抵制变革；对于那些可能出现的抵制，在第四列中写出其原因；最后，在表 28-6 的第五列中写出你认为可以消除这些抵制的方法。

表28-6　变革关系人和团队成员分析

变革关系人和团队成员	反应	是否抵制	为什么抵制	如何消除抵制

（3）你认为每个人会如何接受变革？在表28-7的第二列中写出人们在接受变革的过程中可能遇到的困难，如愤怒的情绪；然后，在第三列写出帮助他们应对困难的方法，如给他们机会发泄怒气，让他们能继续前进。

表28-7　使每个人接受变革的方法

变革关系人和团队成员	接受过程中可能遇到的困难	如何帮助他们

（4）谁将是领导者、伪装者、追随者和反对者？在表28-8中写出你认为属于这四种类型的人，并且记下你将怎样帮助他们应对变革。可以参考表28-7的内容。

表28-8　变革中的四种类型

类型	同意变革的级别	努力的程度	可能采取此种类型的人	如何帮助他们
领导者	高	高		
伪装者	高	低		
追随者	低	高		
反对者	低	低		

总结：

你也许不能肯定一个人对变革会有何反应，这可能是因为你不太了解他们，或是变革太过剧烈，使你无法预测他们的反应。尽管如此，你还是需要尽自己的所能，对可能的反应做一个预测。上面的练习有助于你思考这些问题：人们对即将到来的变革会做何反应？如何做才能够使他们适应变革？

本章小结

在本章，我们首先了解了变革的四种应对类型，并学习了应对变革的心理周期，然后了解了人们抵制变革的各种不同原因，最后掌握了一些消除抵制情绪的方法。对这些内容的学习，有助于我们掌握调动人们情绪的方法，消除变革中的抵制情绪。

第 28 章　对变革的反应

思考与练习

1. 变革参与人对变革的四种反应类型是什么？
2. 列举应对变革的心理周期的内容。
3. 人们抵制变革的原因一般有哪些？
4. 如何区分变革关系人及其利益？
5. 怎样消除人们对变革的抵制情绪？

第 29 章 变革的过程

学习目标
1. 了解如何在变革中赢得别人的支持和参与；
2. 了解如何实施、监控和核查变革；
3. 了解如何防范陷阱；
4. 掌握如何确定变革的目标；
5. 掌握变革的三个阶段；
6. 重点掌握变革计划的六个环节；
7. 重点掌握如何分析影响力量。

学习指南

无论变革大小，我们都需要制订全面的计划：从确定变革的目标、制订计划的详细内容到巩固成果，方方面面都要涉及。本章介绍变革的六个环节。因为变革是无法预知的，所以在实施过程中还要不断地修改计划。要注意的是，因为每次变革时参与的人不同，所处的环境也不尽相同，所以，变革是没有惯例可以遵循的。

关键术语

变革过程　变革目标　力场分析　支持与参与　实施变革　监控变革　核查变革　防范陷阱

29.1 变革的六个环节

变革主要包括六个核心环节。毋庸置疑，关于变革还有其他需要做的，但以下这些环节是核心所在：

- 第一个环节：确定变革目标；
- 第二个环节：分析影响变革的力量；
- 第三个环节：预见人们对变革的反应；
- 第四个环节：赢得他人的支持与参与；
- 第五个环节：划分变革的三个阶段；

第29章　变革的过程

- 第六个环节：实施、监控和核查。

上述六个环节会相互影响。一方面，团队领导只有预见到团队的反应，才会全面了解影响变革的各种力量；另一方面，团队领导在向员工提出变革计划前，也需要考虑这些影响。因此，团队领导者在修改变革策略和计划时，经常会在提出想法与做出计划之间来回反复。由于预见人们对变革的反应在第28章已有阐述，本章主要讲解变革的其他五个环节。

无论是影响整个组织的激进式变革，还是仅仅影响团队的渐进式变革，在变革的计划阶段都要考虑以上六个环节。其中，激进式变革的过程稍长一些，尤其在商议和计划阶段，所以团队领导者对激进式变革很难控制。而对于渐进式变革来说，一些环节很快就可以敲定。如果团队成员已习惯于变革和改进，那么团队领导者就可以迅速地完成变革的计划。

上文提到的是变革整个过程会经历的六个环节。那么管理者如何更好地组织变革呢？下面一起来了解组织变革的六个步骤。

步骤与方法　组织变革的六个步骤

组织变革就是一个适应循环的过程。这一过程包括六个步骤，如图29-1所示。

- 第一步：洞察内部环境及外部环境中产生的变化；
- 第二步：向组织的有关单位提供有关变化的确切情报资料，研究变革；
- 第三步：根据情报资料改变组织内部的生产过程；
- 第四步：减少或控制因变革而产生的不良副作用，稳定变革措施；
- 第五步：输出变革产生的新成果；
- 第六步：经过反馈，更进一步观察内部和外部环境的一致程度，评定变革的结果。

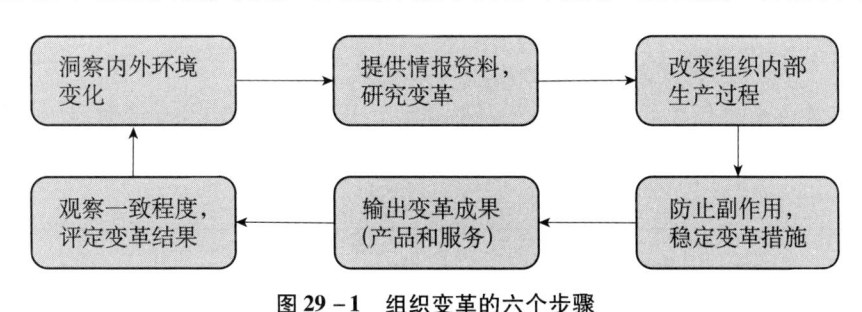

图29-1　组织变革的六个步骤

29.2　确定变革目标

假如人们已经明确意识到工作中需要变革，其理由无外乎如下几条：整个组织正在进行一次激进式变革、消费者的要求、新的目标、工作中出现问题或其他部门的要求。一旦有了变革的需求，团队领导者就要清晰地描绘出变革的蓝图，确定变革目标。团队领导者将用这个目标来赢得支持者和捍卫者，因此一定要使目标清楚易懂。

按照变革规模的大小，变革目标可表现为愿景和目标。

29.2.1 愿景

愿景可以用一个简短的句子来表达，这个句子要能迅速地呈现出变革成功后的完美景象。愿景是直接的，鼓舞人心的。关于愿景的陈述有：提供市场上最具有价格竞争力的复写纸；三天内返回发票；让团队中的每个人都能方便地使用 Project Manager（项目管理软件）。

愿景对涉及整个组织的激进式变革来说，是至关重要的；而对于小规模变革，它能够描绘出改变之后的工作情景。在激进式变革中，愿景常常会扩展为一系列更为具体的、明确的目的。

29.2.2 目标

目标是对变革结果更为具体的说明。例如：12 月底前将次品率降低到 3%；3 月 1 日起开始推行新的消费者投诉程序；本周内更换陈列室展品；等等。

团队制定的目标应该符合 SMART 原则（内容详见 20.2.2"项目的目标"介绍）。

从以上内容可以看出，变革应该有明确的目标。那么，你所经历的变革的目标是什么？请完成下面的训练与练习。

训练与练习　变革的目标

问题：

（1）回顾你最近经历的变革。该变革的愿景、目标是什么？如果暂时还不明显，请根据事后分析把它们推导出来。完成表 29-1。

表 29-1　变革的愿景、目标

变革	
愿景	
目标	

（2）对变革目标进行分析，完成表 29-2。

第29章 变革的过程

表 29-2 变革目标的分析

项目	结果
变革的理由是否充分	
变革是否奏效	
变革是否是解决问题的最好方法	
总体来说变革是否适当	

总结：

不适当的变革会导致各种问题，尤其是员工的抵制问题。变革需要适当的目标，不要为了变革而变革，或仅仅为了赶时髦而变革。

29.3 分析影响变革的力量

确定了变革目标后，团队领导还需要找出什么力量能推进变革的进行，什么力量会阻止变革的进行。有些力量是显而易见的，如一些人的热情和其他人的反抗，还有一些力量则不那么明显，需要我们花费时间去找。图 29-2 展示的是力场分析方法，我们可以通过这个方法，将影响变革的力量用简单的图表总结出来。

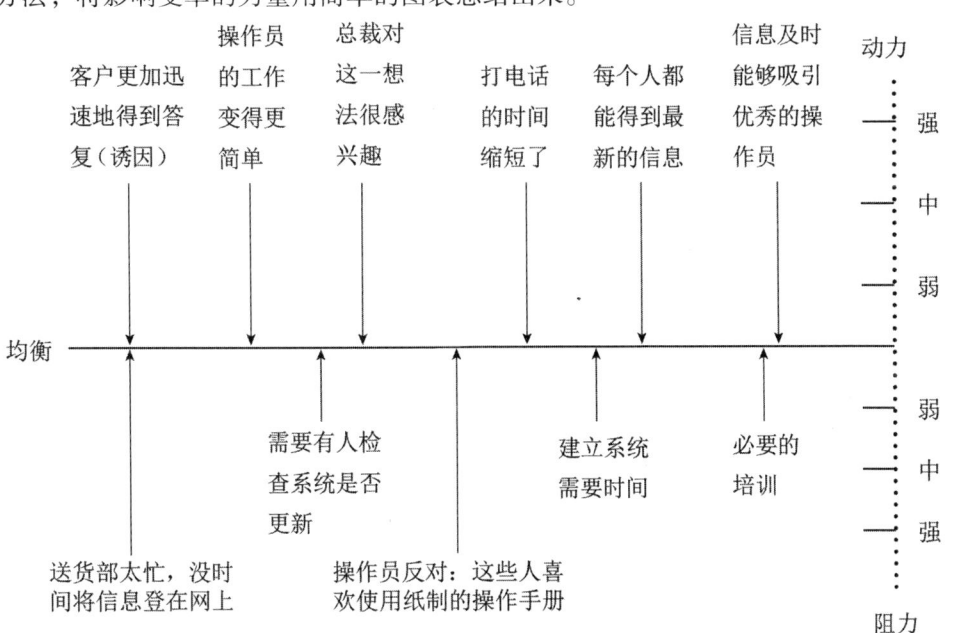

推动力量（动力）：
- 客户更加迅速地得到答复（诱因）
- 操作员的工作变得更简单
- 总裁对这一想法很感兴趣
- 打电话的时间缩短了
- 每个人都能得到最新的信息
- 信息及时能够吸引优秀的操作员

阻碍力量（阻力）：
- 送货部太忙，没时间将信息登在网上
- 需要有人检查系统是否更新
- 操作员反对：这些人喜欢使用纸制的操作手册
- 建立系统需要时间
- 必要的培训

图 29-2 力场分析实例（变革目标：将各个系统纳入公司局域网）

从图 29-2 可以看出，该项变革动力比阻力多，而且力量也更强大，因此进行变革是明智之举。

步骤与方法　影响变革的两种力量

○ 驱动力量。

这些力量包括：引发变革的原因充分、人们认可变革、变革具有明显好处、资源充足、当前遇到了问题确需进行变革等。这些力量是积极的、合理的、合乎逻辑的，并且能够被意识到。

○ 阻碍力量。

阻碍力量包括：团队、客户、同事、管理层及个人的反对，缺乏变革的资源，人们不欢迎变革的企业文化，等等。

以上讲述的驱动力量和阻碍力量都是真实存在的，需要团队领导者认真考虑。同时，变革关系人可能会推进也可能会阻碍变革，团队领导在分析影响变革的力量时，需要考虑这一因素。对于激进式变革，团队领导需要从组织外部和内部广泛地搜寻各种影响力量；而对于渐进式变革，影响力量大多来自组织内部，特别是该变革可能涉及的团队。而且，对于渐进式变革，驱动力量可能会很强。

团队领导者可以使用力场分析方法识别特定情况下起作用的各种力量。这是个有用的工具，可以帮助团队领导更好地了解即将到来的变革。有时他们会发现阻力太强，不适合进行变革。团队领导者在识别"力场"后，就要想办法影响"力场"，使之推动变革。也就是说，要加强动力，减弱阻力。但是要注意物极必反，不要过分地强化动力，否则可能导致反抗，就像父母执意要求孩子做某件事，反而会使孩子产生逆反情绪。

下面的训练与练习可以帮助你进一步地理解力场分析的原理。

训练与练习　分析影响变革的力量

问题：

回顾你最近所经历的变革，思考在其初始阶段有哪些动力或阻力？

○ 尽量具体地写出变革的目标；

○ 思考所有推动和阻碍变革的力量，包括个人和组织、政策和系统以及竞争和消费者需求等外部力量。

○ 用不同的线代表不同的力量，线的长度代表力量的强度，将每种力量归类，如图 29-3 所示。

图 29-3　变革的力场分析

○ 思考下面的问题：
(1) 做什么才能够加强动力？
(2) 做什么才能够减少阻力？
(3) 根据事后的经验总结，你还能做些什么以加强动力或减弱阻力？

总结：
在对变革做详细计划前，分析影响变革的各种力量是十分必要的。在计划变革过程中，如果你意识到还有其他力量在起作用，可以随时将其加入分析结果。

29.4　赢得他人的支持与参与

只有得到人们的支持与参与，变革才能得以进行。在变革中，团队领导者需要尽量得到变革关系人和团队成员的支持并使他们参与其中，以推动变革的发展。在某些变革中，团队领导者还必须获得强势人物的支持，如经理或主管资源的人的支持。

步骤与方法　如何赢得他人的支持与参与

明确变革目标，展示变革的理由和利益（描绘变革成功后的美好景象和变革所期待的结果）；

○ 预见反应和反抗，准备好应对的方法；
○ 为每个变革关系人列出利益清单；
○ 变革关系人会从不同的角度看待变革，团队领导者需要告诉他们变革为其带来的诸多利益；
○ 接受反馈，进行商讨，确定变革的最佳时间；
○ 让团队成员参与到变革的计划过程当中；
○ 让每个人了解变革计划；
○ 直面反抗；
○ 对变革充满热情。

下面讲述团队成员参与变革的一个案例，随后的训练与练习将指导你回顾最近参与变革的一件事。

案例与讨论　让团队成员参与变革

王经理最近受到了上级的批评，并收到了尽快解决团队问题的任务。在做决策时，他发现决策结果涉及团队所有成员的利益，并且任务难度较高，需要团队成员做出很大努力才有可能完成。因此，在一次团队聚餐时，他向大家说明了上级下达的任务，并且说明了任务对所有人的重要性。在对任务进行简要介绍后，他率先说出自己的想法，并且积极鼓励其他成员参与到这一过程中来。

他很清楚每个人对待变革的态度。小张在团队中年龄最小，喜欢尝试各种新想法，因此他让小张最先活跃气氛；小李年纪较长，不喜变动，所以他一直给小李支持。其他人在轻松愉快的环境下也积极表达自己的想法，并且勇于承担工作任务。王经理最后根据每个人的特长对工作任务进行了进一步的分配，使每个人都参与到变革中来。

问题：
王经理是如何让团队成员参与到变革当中的？

总结：
变革要想获得成功，首先必须得到团队成员的高度支持。团队领导者需要根据团队成员各自的特点，提供相应的支持和鼓励，为每个成员安排好适当的工作和任务，这样在变革进行过程中，才可以获得团队成员的支持和参与。

训练与练习　回顾变革

问题：

回顾你最近参与的一个变革，填写表 29-3。

表 29-3　获得对变革的支持

获得支持的有效方法	怎样可以做得更好	还能做什么其他的事情

总结：

没有变革关系人的支持，变革可能无法开始，尤其是在需要资源的时候。没有团队的支持，变革也许可以启动，但却不会有效果，因为人们不会改变自己的行为方式。你需要思考上面所讲的方法，对自己的行动做出改进，力求获得所有人对变革行动的支持。同时也需要关注工作中其他的变革，观察团队领导者是如何赢得他人的有效支持与参与的。

29.5　划分变革的三个阶段

使变革进展顺利的一个有效方法是将变革分为以下三个阶段，如图 29-4 所示。这些阶段分别适用于组织、团队和个人。这个模型是由社会学家柯特·列文（Kurt Lewin）于 1952 年提出的。

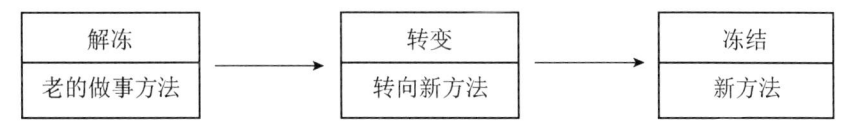

解冻	→	转变	→	冻结
老的做事方法		转向新方法		新方法

图 29-4　变革的三个阶段

29.5.1　解冻

在变革的第一阶段，团队领导者要动摇人们的习惯性思维和行为方式，让他们意识到变革的必要性。团队领导者首先要展示变革的目标和益处，然后与人交流并使其融入变革。这就可以帮助人们改变习惯和放下顾虑。具体来说，解冻时需要做的事包括以下方面：

○ 分析影响变革的力量；

- 描绘蓝图；
- 预见反应；
- 解释为什么当前的情况不能继续；
- 获得他人的支持与参与；
- 制订计划以导入变革。

29.5.2 转变

第二阶段是变革的实施阶段，此阶段会让人们进入理想中的新状态，因为在这一阶段，人们必须转变他们的思想和态度。这个阶段也包括确定新的工作方式，如确定新的策略、系统和程序。这可能像排一个新的值班表那样简单，也可能像重组组织那样复杂。具体来说，变革实施时需要做的事情包括以下几个方面：

- 建立新的系统和程序；
- 计划变革并确认变革所带来的结果；
- 引入新的系统和程序；
- 确定需要的培训方式；
- 强化支持与参与的力量；
- 就将要发生的事情及变革的进展与团队成员进行交流。

在变革的实施过程中，团队领导者需要注意各种细节问题，请参考下面的案例与讨论。

案例与讨论 变革的实施

> 案例一："我们每天都要关注各种会议群消息，不同的领导总是会在不同的地方发布消息。我们不仅要及时查看，还要从一堆重复信息中找到最新消息。"
>
> 案例二："我们公司最近仿照国外规定了一个下午茶时间，供我们休闲放松、养足精神。但是大家以往的那个时间是在工作的，现在休息下来犯困打盹，之后都不能很快地投入工作中去，工作失误也不断出现。最终公司放弃了这一规定。"
>
> 问题：
> 变革的实施过程中，团队领导者需要注意的问题包括哪些？
>
> 总结：
> 在变革的实施过程中，团队领导者须使团队成员注意到新的制度和规则。团队领导者需要预测变化可能带来的问题并事先予以解决，否则一定会出现混乱的情况。

变革过程中需要注意细节,因此,计划应包括一些短期目标,让人们感到自己在不断进步,这些目标可以是计划中的典型阶段。这些阶段可以是确定新的工作程序,获得其他合作部门的认可,新程序顺利推行1周,等等。团队领导和成员可以通过一起喝茶或下班后聚餐等形式来庆祝这些短期目标的实现,这些活动可以激发全体员工的斗志。

29.5.3 冻结

在这一阶段,团队领导者需要使团队成员能够坚持新的工作方法,以免人们再回到过去的老习惯中去。但在持续变革的组织中,冻结这一想法值得商榷,因为下一次变革也许即将到来,在这种情况下,另一种替代冻结的方法就是对变革进行回顾和总结。具体来说,团队领导者在冻结阶段需要做的事情包括以下几个方面:

- 监控变革的进程;
- 通过强化手段巩固变革成果;
- 回顾变革情况,看是否需要准备进一步的完善;
- 沟通成绩、困难和改正措施。

我们将在后面的29.6"实施、监控和核查"中就此问题再进行深入探讨。

下面的训练与练习可以帮助你进一步掌握和理解变革的三个阶段。

训练与练习 变革的三个阶段

问题:

思考你最近参与的一项变革,完成表29-4。

(1) 在此变革中,三个阶段的计划是否有效?

(2) 由于计划不当,发生了什么困难?

表29-4 变革的三个阶段

阶段	阶段计划如何生效	出现了什么困难
解冻		
转变		
冻结		

总结:

本练习帮助你根据变革的三阶段模型,思考自己所参与的变革是否有效,了解变革中出现的困难以及补救措施。通过这个练习,你可以提高自己推进变革和领导变革的能力。

29.5.4 制订详细的行动计划

在进行变革时,团队领导者需要准备的事情很多,首先要制订详细的行动计划。具体步骤如下：
- 第一步：列出所有任务；
- 第二步：给任务排序，记住有些任务只能等其他各项完成之后才能执行；
- 第三步：对每个任务都要详细地描述，要做的事情是什么、由谁来做、需要什么培训、什么时候开始和完成。如表29-5所示。

表29-5 变革的行动计划

任务	责任人	需要的培训	开始日期	完成日期

以上是制订详细的任务计划的基础。团队领导者可以使用多种工具来制订计划，例如：
- 甘特图；
- 网络分析（参考项目管理相关书籍介绍）；
- 关键路径分析（参考项目管理相关书籍介绍）；
- 项目管理软件。

当然，团队领导者也可以使用以前用过的计划工具，或者学习企业内部正在使用的其他工具。

29.6 实施、监控和核查

如果确定了变革目标，分析了影响变革的力量，预见了人们对变革的反应，获得了员工的支持与参与，并准备了现实的计划执行方案，变革就能比较顺利地进行。用"比较"这个词是因为再好的计划也难免出现意外，如关键人物突然生病等。因而在变革的过程中，要不断地修正自己的计划，特别是在大规模的变革中，更需要如此。所以，在变革进行过程中，我们要注意以下几点：
- 在前进中改进。

如果在变革实施过程中遇到困难，团队领导者一定要在团队其他成员的帮助下，战胜困难，在变革和改进中前进。当变革过程中许多方面活动与已有计划偏差较大又影响到目标时，团队领导者要采取行动去改进，必要时可能需要调整已有计划。
- 监控变革的进展情况。

团队领导者需要设计一种方法来监控变革的进展情况，即检查变革目标的完成情况。

第29章 变革的过程

因此,要有可测量的变革目标。例如,消费者投诉率降低了10%,这是否意味着变革有效呢?一些目标不可避免地被模糊化了,如目标是增加操作员对新软件的信心,在这种情况下,团队领者就要想办法核查他们的信心水平。

下面的案例与讨论讲述了在变革的过程中监控的作用。

案例与讨论 监控的作用

> 由于公司之前的面部识别打卡机内部元件老化,经常有员工反馈打卡不成功的问题,所以公司最近安装了一批新的员工打卡机。新的打卡机不仅可用面部识别打卡,还可以利用指纹进行打卡,这给员工带来了极大的方便。新的打卡机使用了一段时间之后,考勤统计人员发现再无员工打卡迟到的问题了,连经常迟到的小李都能每次按时打卡,觉得有些疑惑。于是他们调取打卡机旁边的监控,监控显示,小李基本上没有亲自去打过卡,每次都是小王拿着小李的指纹卡去帮小李打卡。这种滥用系统的方式使公司内部形成了不好的风气,给公司带来了不小的损失。
>
> **问题:**
> 考勤统计人员是如何发现问题的?
>
> **总结:**
> 从案例中可以看出监督和控制的重要性。在变革的过程中,无论使用硬性指标,还是使用软性指标,关键的一点是必须确认其按新的规则和新的做法运行,并且必须确认新的操作方法达到了变革最初所设定的目标。

○ 巩固变革成果。

为了防止人们恢复旧的工作方式,团队领导者需要想好如何巩固变革成果。团队领导者可以进一步强调变革的原因并核查新系统的使用状况。另外要注意,人们在激进式变革过程中,总是存在自满的危险情绪。

○ 庆祝变革成功。

变革完成后,团队领导者要进行庆祝,以增强团队成员的信心。

以上是对变革的六个环节的学习,下面请应用所学内容对你所进行的变革做一下评估。

训练与练习 思考变革的六个环节

问题:
我们已经了解了变革的六个环节。现在整理所学的内容,评估一下你最近所进行的变革的效果。在表29-6中标出哪些环节是你在领导变革过程中努力去做的，并评估你在各方面工作的效果，不属于六个环节的内容请填在第一列最下面给出的空白处。

表29-6 变革的六个环节

变革的环节	你做了哪些工作	评估你工作的效果 很好　　　　　　　　差 1　2　3　4　5
确定变革目标		
分析影响变革中力量		
预见人们对变革的反应		
赢得他人的支持与参与		
划分变革的三个阶段		
实施、监控和核查		

总结：
这个练习可以使团队领导者回顾自己对所经历的变革的控制是否有效。通过这个练习，你也可以总结前面所学习的内容，并结合自己的工作实践，深入掌握这些知识。

29.7　防范陷阱

任何变革都有失败的风险，以下是变革失败的一些普遍原因：
○ 缺乏愿景；
○ 没有正确处理员工的抵触情绪；
○ 计划不当；
○ 交流不畅或缺乏交流；
○ 后续工作不完备。

团队领导者需要牢记，在自己的变革中不要出现以上这些不当行为。在制定变革策略时，还有几个原则应该加以考虑。

步骤与方法　制定变革策略的原则

○ 过分强调驱动力会导致反抗；
○ 变革中的中断越少，变革越易被接受；
○ 有些组织的文化提倡不断变革，如果长期没有改变，人们倒会觉得奇怪，在这样的组织里变革更易施行；
- 变革的成功经历有助于下次变革的发生。

综合本章学习的内容，完成下面的训练与练习。

训练与练习　变革计划

问题：

本练习要求你为一个即将来临的团队变革制订一个全面的计划。

(1) 确定变革目标，完成表29-7。

表29-7　变革的愿景和目的

愿　景	目　的

(2) 分析影响变革的力量，完成图29-5。

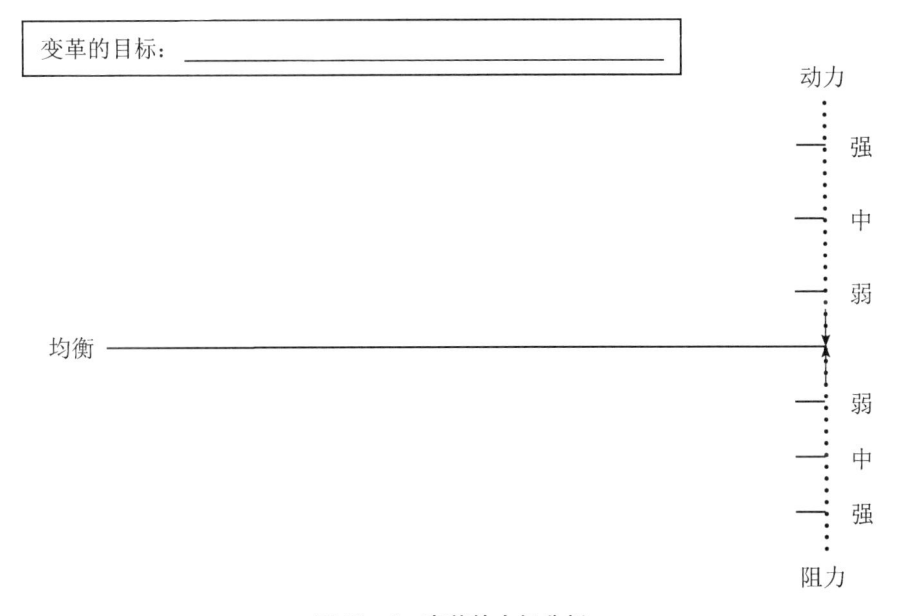

变革的目标：_____

动力
— 强
— 中
— 弱
均衡 ——————————————
— 弱
— 中
— 强
阻力

图29-5　变革的力场分析

(3) 参照28章结尾的练习，预测团队成员和变革关系人可能做出的反应。
(4) 获得他人的支持与参与，完成表29-8。

表 29-8　获得他人的支持和参与

通过什么方法	如何才能获得更好的支持与参与

（5）明确变革中的主要任务。提示：你的计划要包括对人的计划和对事的计划。你可以将活动分为三个阶段来安排：解冻、转变和冻结。完成表 29-9。

表 29-9　变革的三个阶段

阶段	主要任务
解冻	
转变	
冻结	

（6）实施、监控和核查，完成表 29-10。

表 29-10　变革的实施、监控和核查

项目	主要内容
如何实施	
怎样监控	
怎样核查	

总结：

通过这个练习，你可以运用前面所学的知识，把团队将要实行的一项变革计划好。在实施变革前你还要为其制订更加详细的实施计划。

延伸与拓展　变革三部曲

社会经济的不断变化推动着企业在生产方式、商业模式、组织管理以及技术更新等方面不断变革，企业变革所采用的方式与方法不断推动着变革管理理论的发展。变革理论的发展最早可追溯至 20 世纪 50 年代，以柯特·列文等人为代表的社会学家开始提出组织变革理论，包括著名的变革"三部曲"模型：由解冻、转变和冻结 3 个阶段所构成。该理论运用立场分析的方法解释了组织变革的现象及其产生的原因，为组织变革理论的发展奠定了基础。

随着时间的推移，变革理论的内涵与内容不断地丰富与拓宽，逐渐衍生出了除组织变革之外的技术变革、流程变革、商业模式变革等分支。通过对 21 世纪第一个 10 年以后国际知名管理类学术期刊所发表的相关文献进行述评,发现当前变革管理学科的学术热点主要集中在组织变革、技术变革和商业模式变革这3大领域,研究大多涉及变革的内容、背景、过程、评估标准等方面。

——资料改编自:曹平,吴世峰. 变革管理理论前沿述评[J]. 科技管理研究,2016(6):205-209.

本章小结

本章对变革过程的六个环节进行了具体描述,即确定变革目标,分析影响变革的两种力量,预见人们对变革的反应,赢得他人的支持与参与,划分变革的三个阶段,实施、监控、核查整个变革过程。同时,也要防范变革中会遇到的种种陷阱。

思考与练习

1. 变革的六个环节的具体内容是什么?
2. 简述变革的三个阶段。
3. 简述力场分析的使用方法。
4. 如何获得人们对变革的支持与参与?
5. 变革过程中,可能会遇到的陷阱是什么?如何避免?

第 30 章　创新管理

学习目标
1. 了解创新的概念和意义；
2. 了解创新的类型和模式；
3. 掌握创新管理的过程；
4. 重点掌握创新管理的综合方法；
5. 重点掌握如何审核创新管理。

学习指南

创新是企业在市场竞争中取得成功的关键因素，不同产业和不同规模企业的领导者都将创新作为他们优先考虑的战略要素。许多人认为创新是神秘的、不可预测的或者不可管理的。而实际上，创新是可管理的。

本章将首先介绍创新的概念、类型和创新的重要意义；然后介绍有关创新管理的内容，重点介绍几种创新管理的有效方法；最后讲解如何对创新管理进行审核，从而总结经验教训，进一步提高创新管理的能力。

关键术语

创新　创新模式　创新的方法　创新的阶段

30.1　创新概述

变革是组织和团队发展与创新的先导，从本质上说，创新就是一种变革。鉴于创新对企业的生存与发展所具有的重要意义，本章主要站在企业的角度对创新进行阐述。

企业只有不断地创新，才能在竞争中处于主动，从而立于不败之地。许多企业之所以被市场淘汰，就是因为它们做不到这一点。可以说创新是企业的生命，也有人将创新比喻成"带有氧气的新鲜血液"。

现代信息技术的创新是企业的助推剂，高新技术的应用为企业注入鲜活的血液，推动了企业的发展。从 1954 年美国的通用电器公司运用计算机计算员工工资，到现在数据库、互联网、电子商务等得到普遍的运用，这些无一不是信息技术的功劳。

让我们通过下面的案例与讨论,体会创新对于发展的重要意义。

案例与讨论　创新的意义

> 20世纪90年代初,数码技术兴起,富士与柯达遭遇了新兴数码影像技术带来的巨大挑战,原有的市场竞争力已经悄然消失,企业面临灭顶之灾。
>
> 富士并未坐以待毙,而是跟随这种潮流,进行二次创业。在二次创业中,富士立即投身企业产品创新,精简业务流程、进行公司重组,不仅在数码摄影技术领域占有一席之地,还将业务拓展到电子产品和医疗保健等领域,从而实现华丽转身。反观柯达,其选择了相对稳定的方向,虽然也跟随潮流开发数码相机,但是却没有大刀阔斧的勇气,没有真正接受市场颠覆性变化所开辟的新商业模式,因此最终走向失败。
>
> 2012年,富士公司总收入达250亿美元,员工达7.8万多人,在《财富》杂志公布的世界500强名单中位列377名,而此时的柯达已经破产。
>
> ——资料改编自:麦克格兰斯. 瞬时竞争力:快经济时代的6大制胜战略 [M]. 姚虹,译. 成都:四川人民出版社,2018.
>
> **问题:**
> 创新往往会带来一系列的变动,你在柯达与富士的这种境遇下,会怎样做?
>
> **总结:**
> 面对革新大潮,有的企业会选择顺风而变,也有许多企业相信凭借自身的市场地位以及各方面能力会在时代大潮中安然无恙。选择稳定的企业看起来虽然毫无风险,可是机会却悄然流逝。发展的内涵很丰富,我们可以把发展看成对现实的突破,就像那些时代大潮中积极变革的企业,勇于突破现状。只有进行这种突破,才有可能带来变革与创新,才有可能带来发展。

30.1.1　什么是创新

创新,也叫创造,是指根据一定的目的和任务,运用一切可以利用的条件,产生出新颖、有价值的成果的认识和行为活动。创新最主要的特点就是新颖性和具有价值性。

我们也可以把创新理解成对生产要素的重新组合,它包括六个方面的内容:①引进新的产品;②采用新的生产方式;③开辟新的市场;④开发和利用新的原材料;⑤采用新的组织形式；⑥观念和思维的创新。

30.1.2　创新的类型

提起创新，人们往往联想到技术创新和产品创新。其实创新的类型远不止这些，详细说来，创新的种类主要有以下几种：

○ 思维创新。

思维创新是一切创新的前提，任何人都不应该封闭自己的思维。若思维形成定式，它就会严重阻碍创新。许多企业不断地招募新的人才，主要原因之一就是期望新的人才能给企业带来新观念、新思维。

○ 产品（服务）创新。

所谓产品（服务）创新，就是指企业提供某种新产品（服务）。对于工业企业来说，其从事的主要是产品创新；对于金融服务企业而言，其从事的主要是服务创新。

例如，一款新型汽车、一种新的家庭娱乐设施等，都是产品创新的例子。再比如，在短短的几年时间里，手机已从模拟机发展为数字机，又发展为可视数字机，还可以上网，从这个演变过程中我们可以看出产品的创新速度是多么惊人。

○ 技术创新。

就一个企业而言，技术创新不仅指商业性地应用自主创新的技术，还指创新性地应用合法取得的、由其他企业开发的新技术或者已经进入公有领域的技术，以创造市场优势。例如，人们把军事上的核技术转移到核电站建造上；平安保险总精算师制定的标准被采纳为英国行业标准等，皆是创新，举不胜举。

○ 组织与制度创新。

典型的组织与制度创新是指通过改变员工的态度、价值观以及进行信息交流，使他们认识和实现组织与制度的创新。组织与制度创新的方式主要有以下三种：

（1）以组织结构为重点的变革和创新，如重新划分或合并部门，改造流程，改变岗位职责等；

（2）以人为重点的变革和创新，即改变员工的态度和价值观；

（3）以任务和技术为重点的变革和创新，即将任务重新组合、分配，更新设备，创新技术，达到组织创新的目的。

○ 管理创新。

在企业中，并没有一个一成不变、普遍适用的、最好的管理理论和方法。管理作为因变量，会随着环境这个自变量的改变而改变。

○ 营销创新。

营销创新是指营销策略、渠道、方法、广告促销策划等方面的创新。

○ 文化创新。

文化创新是指企业文化的创新。

30.1.3 创新并非易事

人们必须认识到，虽然创新是企业获得竞争优势的有力手段，也是巩固企业战略位置的可靠途径，但是创新与企业的成功并没有必然的联系。在企业创新的历史中不乏创新失败的例子，下面就是一个由于创新失败而造成了惨痛结果的案例。

案例与讨论　"辉腾"的失败

> 大众汽车公司禁不住高档车市场的利益诱惑，隆重推出大众版的豪华轿车——辉腾。辉腾确实卓尔不凡，动力强劲，外观流畅，内饰优雅，有8缸、12缸两个型号，车速可达240公里/小时，即使与同级别的宝马7系、奔驰S级相比，辉腾也毫不逊色，《福布斯》甚至称其为"伟大的车"。然而就是这样一款"伟大的车"，上市两年仅售出3 715辆，最终不得不挥泪撤出美国市场。为什么辉腾不被消费者接受？原来辉腾车身的前盖和后箱上都嵌有大众的LOGO（商标），而大众品牌在消费者心中"平民车、中低档"的形象已经根深蒂固，把辉腾和大众捆在一起，只能让消费者怀疑辉腾高贵基因的纯正性。
>
> ——资料改编自：杨兴国. 海鸥天价表为何3年只卖出2块？[EB/OL]．(2013-02-04)[2020-05-09]. http://www.emkt.com.cn/article/582/58239.html.
>
> **问题：**
>
> 通过这个案例，你如何看待创新的结果？
>
> **总结：**
>
> 当然，并不是每一个失败的创新案例都这样损失惨重，对大多数进行创新的企业而言，其创新的结果通常是成功与失败并存。这并不奇怪，因为创新毕竟是一项充满风险的事业，这与要吃到煎蛋就必须打破鸡蛋的道理一样，即所谓的"不破不立"。

30.2　创新模式与如何进行创新管理

创新的过程充满了不确定性，涉及许多相关因素，例如：

- 技术因素；
- 市场因素；
- 社会因素；
- 政治因素；
- 其他因素。

另外，可以对照PESTLE因素进行分析。管理者只有在整个创新过程中进行周密的管理，才有获得成功的可能。当然，即使管理得最好的企业，在创新过程中也还是会犯错误。所以，创新管理的关键就是精心设计和控制创新试验，使失败的概率最小化，同时确保能够从失败中不断吸取教训，以免在以后的工作中犯同样的错误。

30.2.1 创新模式

尽管创新能够给企业带来高额的回报，但由于创新过程充满风险和不确定性，因而很多企业都不愿意进行创新。但是，也很少有企业会选择什么都不做，在那些市场形势变化迅速的产业中更是如此。从本质上来说，一个企业只有持续不断地更新其产品和服务，才能在激烈的竞争中生存下去。

有些企业为了生存，不得不主动进行重大变革。例如，著名手机制造公司——诺基亚，其前身是芬兰的一家木材公司，主要生产砍伐木材所需要的设备和器材，后来进入造纸产业，又涉足无纸化办公的信息技术领域，最后才开始从事手机生产。

因此，问题不在于要不要进行创新，而在于采用什么样的模式成功地进行创新。请通过下面的训练与练习，思考这个问题。

训练与练习　创新模式

问题：

从种种成功和失败的创新案例中，你能够得到什么样的经验教训？是否存在可以指导企业未来行动的创新模式？

总结：

管理是因变量，它是随着环境这个自变量的改变而改变的。环境的不确定性可以分为低度不确定性和高度不确定性。面对不同的环境，企业会做出不同的反应，如图30-1所示。

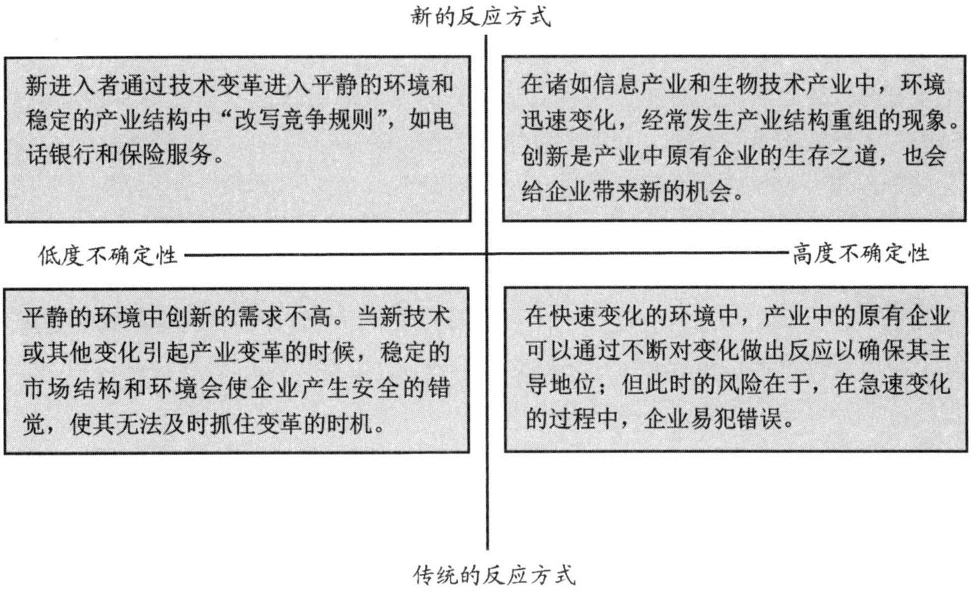

第30章 创新管理

```
                    新的反应方式
    ┌─────────────────────┐  ┌─────────────────────┐
    │ 新进入者通过技术变革 │  │ 在诸如信息产业和生物│
    │ 进入平静的环境和稳定 │  │ 技术产业中，环境迅速│
    │ 的产业结构中"改写竞 │  │ 变化，经常发生产业结│
    │ 争规则"，如电话银行 │  │ 构重组的现象。创新是│
    │ 和保险服务。         │  │ 产业中原有企业的生存│
    │                     │  │ 之道，也会给企业带来│
    │                     │  │ 新的机会。          │
    └─────────────────────┘  └─────────────────────┘
低度不确定性 ─────────────────────────── 高度不确定性
    ┌─────────────────────┐  ┌─────────────────────┐
    │ 平静的环境中创新的需 │  │ 在快速变化的环境中， │
    │ 求不高。当新技术或其 │  │ 产业中的原有企业可以│
    │ 他变化引起产业变革的 │  │ 通过不断对变化做出反│
    │ 时候，稳定的市场结构 │  │ 应以确保其主导地位；│
    │ 和环境会使企业产生安 │  │ 但此时的风险在于，在│
    │ 全的错觉，使其无法及 │  │ 急速变化的过程中，企│
    │ 时抓住变革的时机。   │  │ 业易犯错误。        │
    └─────────────────────┘  └─────────────────────┘
                    传统的反应方式
```

图 30-1　企业对创新的反应方式

30.2.2　如何进行创新管理

由于创新是一个不确定的复杂过程，运气有时候会成为成功创新的一个因素。有很多例子可以说明偶然的机会能够带来成功，有时一次预料不到的好运气带来的利益甚至能够抵偿多次失败带来的损失。但是，企业如果想要取得真正的成功，就不能完全依赖运气。企业只有持续稳定地对创新过程进行管理，才有可能获得成功。理解创新过程，并有效管理这个过程，比依靠运气更加稳妥。

创新的成功建立在企业学习的能力和重复这些学习行为的能力之上，正如著名高尔夫球选手加里·普莱尔（Gary Player）所说："训练勤，运气生。"

一般来说，企业的创新管理过程应该包括五个阶段的工作。

步骤与方法　创新管理过程

○ 第一阶段：审视和调查企业内部环境与外部环境，从中找到潜在的创新信息。潜在的创新信息可能来源于客户多样化的需求，其他研究活动带来的新机会，竞争对手的战略变化，等等。企业必须对上述潜在创新信息所带来的激励做出快速的反应。

○ 第二阶段：对上述潜在的创新信息进行战略选择，并将企业的资源投入到有战略意义的创新项目中。问题的关键在于企业必须把握那些能够形成竞争优势的最佳机会。

○ 第三阶段：为企业的战略选择提供资源，即为企业的创新提供知识资源。在这个阶段，企业有时只要购买现成的资源或者从已有的研究成果中找出所需要的资源就可以了。有的时候为了找到适当的资源，企业必须进行广泛的调查。

○ 第四阶段：实施创新活动。经过多个发展阶段，在这一时期，企业要将创新构思变成最后的创新产物——外部市场的新产品和新服务，或者在企业内部使用的新技术和新方法。

○ 第五阶段：反思和总结。这是一个可选择的阶段，在这个阶段企业的工作主要是对前面几个阶段进行反思，总结成功和失败的经验教训。这样做可以帮助企业找到改进创新管理的方式，并帮助企业从中获取相关的知识。

当然，上述的几个阶段只是一个基本的模式，在这个基本模式的基础上，不同的企业根据自身的实际情况可以创造出无数种不同的创新管理模式。例如，大企业创新管理的内容通常比小企业创新管理的内容更为广泛，与小企业的非正式管理结构相比，大企业创新管理的结构也往往更正规。

30.3　创新管理的综合方法

创新管理是一个不断学习的过程，在这个过程中，企业可以借助各种思想和方法，主要包括以下几个方面：

○ 经验分享，学习他人成功或者失败的经验；
○ 引进有关工具和技术的新概念、新思路；
○ 通过试验，尝试用不同的方法解决创新管理的基本问题；
○ 通过反馈，检验和回顾如何进行创新管理。

下面的训练与练习可以帮助你思考如何更好地利用开拓创新的方法。

训练与练习　开拓创新的方法

问题：
对已有的涉及创新的案例进行思考并总结，开拓创新的方法有哪些？

总结：
开拓创新的方法主要有以下几种：

○ 综合法；

- 类比法；
- 探索与实验结合；
- 改进性发明；
- 意外的发明。

30.3.1　创新管理的工具和方法

创新能力并不是天生的，它在很大程度上取决于后天的学习和训练。有许多工具和方法可以应用于创新管理。

- 头脑风暴法（内容详见 25.2.2 "头脑风暴法"介绍）。

5～10 人参加，其中 1 人是主持人，1～2 人为记录员（最好不是正式参加会议的人员），其他人参与；会议时间为 1 小时左右，选择的地点须不受外界干扰。开展头脑风暴时要注意：思想自由，严禁批判（暂不评价原则）；数量至上，要求利用别人的想法开拓自己的思路。

- 头脑风暴法的变异形式——默写式头脑风暴法。

头脑风暴法传入德国后，学者鲁尔巴赫（Rohrbach）根据德意志民族习惯于沉思的性格，对其进行了改良，创造了默写式头脑风暴法。该方法规定每次会议有 6 个人参加，每个人在设想卡片上写出 3 个设想，时间为 5 分钟，故又称为"635"法。

会议开始，由主持人宣布议题，即创新设想的目标，并对与会者的疑问做出解释；然后发给每个人几张卡片，在第一个 5 分钟内，每个人针对议题在卡片上写出 3 个设想，然后传给相邻者。这样，半个小时内可以传 6 次，一共可以产生 108 个设想。

- 信息交合法。

信息交合法是一种在信息交合中进行创新的思维技巧，即把物体的总体信息分解成若干要素，然后把这种物体与人类各种实践活动相关的用途进行要素分解，把两种信息要素用坐标法连成信息 X 轴与 Y 轴，两轴垂直相交，构成"信息反应场"，每个轴上各点的信息可以依次与另一个轴上的信息交合，从而产生新的信息。

信息交合法主要遵循三条原则：

（1）整体分解，按序列得出要素；
（2）信息交合，各轴的每个要素逐一进行交合；
（3）筛选原则，找出更好的方案。

- 焦点法。

以一个事物为出发点（也可称为焦点），联想其他事物并与之组合，可以形成新创意。

如玻璃纤维和塑料结合,可以制成耐高温、高强度的玻璃钢。很多复合材料都是利用这种方法制成的。

○ 设问法。

把有关问题以提问的方式列举出来,制成一个表,然后把某一事物或特定对象代入表中,与表中的各项加以核对,以启发创造性设想。我们可以用5W2H法,也可以从下列几个角度提问题:

（1）为什么需要革新？

（2）创意的对象是什么？

（3）从什么地方入手？

（4）由谁主持或完成？

（5）什么时候完成？

（6）怎样实施？

（7）达到怎样的水平或标准？

30.3.2 创新激励机制

企业的创新激励机制应以增强员工的创新能力,调动员工的创新积极性,保证创新工作有序进行为根本。主要包括以下内容[①]:

第一,建立激励创新的工作机制。

一是建立激励创新的工作机构。二是做好创新产品的保护工作,防止创新成果当事人的利益受损。三是建立岗位定期轮换制度,以增强员工的新奇感和创新的主动性。

第二,建立科学有效的创新考核评价体系。

创新成果考核评价体系是对创新成果进行考核奖励的基础。考核评价体系要体现公平性和客观性,以有利于奖惩兑现为前提。评价体系的内容要全,评价指标要尽可能量化。以减少人为评价产生的误差。

第三,健全创新激励方式。

健全创新激励方式,达到员工的创新成果价值与其所得合理匹配,从而激发员工的创新积极性。企业应当从物质鼓励、精神激励和文化建设三个方面加强和完善创新激励方式。一是注重物质激励。奖励的形式主要有:工资、奖金、红利、福利以及人事待遇。二是精神激励。企业可制定一定的衡量标准,对达到某个标准的员工可授予其某种称号,并

---

① 牛群元.对企业建立良好创新激励机制的探讨[J].现代企业文化,2013（21）:94.

使其享受一定的权利。三是文化建设。将创新纳入企业文化建设的内容，在领导和员工中营造一种创新光荣、创新受尊重的良好企业文化氛围，体现对创新人才人格的尊重，使他们对企业产生归属感。

30.3.3 创新评估

在评价创新活动时，我们可以利用一些测评方法和评估指标。

○ 测评各种具体的产出。

例如，我们可以将专利和科学论文作为衡量知识创造的指标，或将新产品的数量作为衡量产品创新成功与否的指标。

○ 测评运作过程。

例如，我们可以采用客户满意度调查测评和追踪产品质量。

○ 测评战略成功与否。

这主要是测评企业的整体经营业绩是否有某种程度的提高，是否至少有某些利润直接或间接来源于创新。例如，年度业务收入的提高或市场占有率的提高、利润的增加、取得更高的附加值都与创新有关。

我们也可以用一些更具体的指标评估创新的成功与否。

对创新的评估十分重要，全面质量管理的领袖人物戴明曾指出："如果你不进行测评，你就不会有提高。"

30.4 创新管理的审核

在创新管理中，审核创新管理的绩效是十分重要的一个环节。我们可以建立一个评判创新失败的因素列表，然后就每一个因素进行打分以评定创新的绩效。实践中可参考下面的评分等级：

○ 1 分——没有考虑创新或根本不可能发生创新；
○ 2 分——有一些创新意识，但是是随机的、偶然的；
○ 3 分——意识到创新，并且有正式的系统支持创新；
○ 4 分——具备高水平的、有绩效的创新系统，包含提高和改进的措施。

对创新管理的审核并没有一个绝对的标准。下面是《促进变革进行》[①] 一书中提出的

---

① 戴维斯. 促使变革进行 [M]. 天向互动教育中心，编译. 北京：清华大学出版社，2004.

审核企业创新管理能力的关键指标，可以作为参考。

步骤与方法　创新管理审核指标

○ 组织有创新战略吗？具体包括以下关键问题：
（1）创新战略与组织的整体战略有什么联系？
（2）在组织的具体实践中，强调技术开发吗？
（3）组织如何在产品、价格、质量、研发水平或其他指标方面与竞争者进行比较？
（4）新技术的出现会带来怎样的潜在机遇和挑战？
（5）组织成员在多大程度上认为创新能够提高竞争力？
（6）怎样对组织的创新战略进行有效沟通？

○ 组织是否建立了有效的外部联系？具体包括以下关键问题：
（1）组织是否有明确的标准确定和选择合作伙伴？
（2）组织和主导客户一起进行创新吗？
（3）组织按照自己的标准划分和管理供应商吗？
（4）组织是否让所有的利益相关者参与了主要的创新项目？

○ 组织有有效的实施机制吗？具体包括以下关键问题：
（1）组织是否系统地搜寻开发新产品的机会？如何去搜寻？
（2）产品创新计划和整体经营战略有联系吗？
（3）组织有对产品创新计划进行选择的系统吗？
（4）组织的产品开发系统是否能够随时运行？
（5）组织是否有正式的程序对创新的每个阶段进行评估？

○ 组织有支持创新的组织氛围吗？具体包括以下关键问题：
（1）高层管理者支持创新吗？这种支持是如何表现出来的？
（2）创新能否得到足够的回报和认可？
（3）员工参与创新的程序是什么？
（4）组织结构是支持创新还是阻碍创新的？
（5）组织有支持新观念的氛围吗？

在经过这样的审核过程之后，我们可以通过评分确定组织的创新能力（如图30-2所示），并发现组织需要改进的方面。需要指出的是，审核的关键不在于通过自我评估查看得了多少分，而在于利用评估获得的信息提高创新管理的水平。我们应时刻牢记，创新是一个复杂的、不确定的、难以管理的过程，因此，只有不断进行尝试并不断改进的创新管理，才是有效的管理。

第30章 创新管理

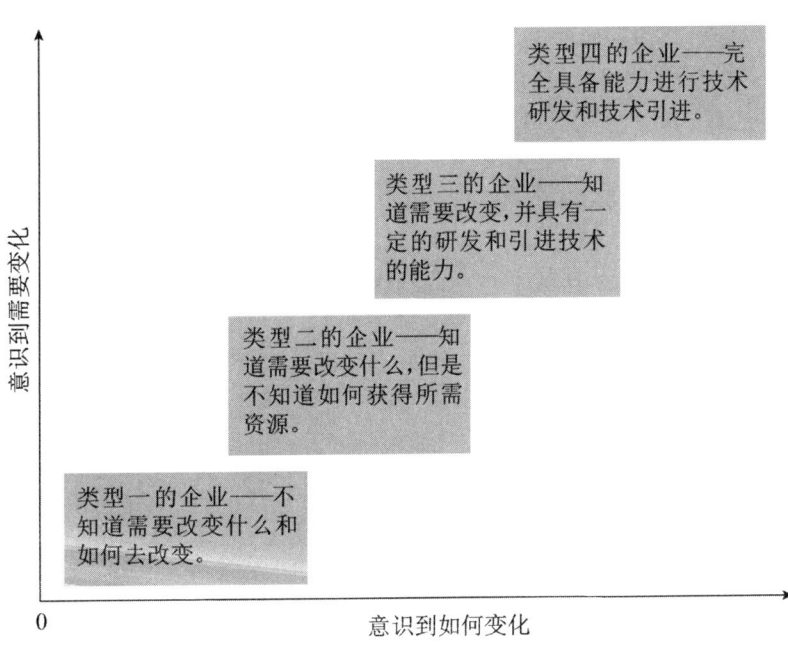

图中文字（由上至下）：
- 类型四的企业——完全具备能力进行技术研发和技术引进。
- 类型三的企业——知道需要改变，并具有一定的研发和引进技术的能力。
- 类型二的企业——知道需要改变什么，但是不知道如何获得所需资源。
- 类型一的企业——不知道需要改变什么和如何去改变。

纵轴：意识到需要变化
横轴：意识到如何变化

图 30-2 创新能力分布图

本章小结

在本章，我们首先了解了创新的概念和它的重要意义，以及创新的几种类型；接着学习了创新管理的过程，重点掌握了创新管理的综合方法，如头脑风暴法、信息交合法、设问法等；最后了解了对创新管理进行审核的方法。

思考与练习

1. 创新的具体内容包括什么？
2. 创新有哪几种类型？
3. 简述创新管理的一般过程。
4. 创新管理的工具和方法有哪些？分别如何运用？
5. 如何对创新管理进行审核？

实践与实训

指导：

请分析、计划、实施并检查影响到你所在团队的变革。在本单元每章结尾的练习中，你可能已经完成了部分工作，这些工作在实践与实训中可用于参考。

完成了本单元的学习，你会发现自己需要时时更新思想，并考虑下面的问题。这也可以说明在领导变革的过程中，你需要反复地进行考虑。

（1）确定变革目标；

（2）分析影响变革的力量；

（3）预见人们对变革的反应；

（4）计划变革的各个方面；

（5）划分变革的三个阶段；

（6）实施、监控和检查。

总结：

本单元实践与实训要求你使用本单元所讲述的内容，综合计划你的团队将要进行的一项变革。在计划过程中，你需要思考如何分析变革所涉及的成员的反应、变革遇到的各种影响力量。你可以将这些作为基础，为未来的变革做好准备，还可以相应地提高自己领导变革的能力。

单 元 测 试

一、单选题

1. 关于变革，以下说法正确的是（　　）。
   A. 只要变革就能够提高团队的士气
   B. 变革总是有害的，进行变革的公司最终的结果是破产
   C. 变革必须有合理的理由、明确的目的，并以正确的方式进行，才能获得成功
   D. 公司只要进行变革，就能从中获得利益

2. 不同的因素对不同的行业产生的影响不同。"国家为振兴造船业做出规划，很多造船企业根据规划进行改革"是导致船业制造公司变革的（　　）因素。
   A. 政治　　　　B. 法律　　　　C. 经济　　　　D. 环境

3. 公司准备实行弹性工作制，有的人说："我更习惯朝九晚五的工作制度，这样能与我的家人保持一致的步调。"对变革做出这种反应的人属于（　　）。
   A. 追随者　　　B. 反对者　　　C. 伪装者　　　D. 领导者

4. "随着对变革的了解，人们开始对自己最初的反应产生疑问，同时，拒绝的决心也开始动摇，但还是存在抵制情绪。"这个时候人们的心理处于（　　）时期。
   A. 拒绝　　　　B. 抵制　　　　C. 接受　　　　D. 融合

5. 不属于影响变革的驱动力量的是（　　）。
   A. 人们对变革的认可　　　　　　B. 不欢迎变革的企业文化
   C. 变革具有明显的好处　　　　　D. 引发变革的理由充分

6. 关于信息交合法主要遵循的原则，说法不正确的是（　　）。
   A. 叙述华丽，无须逻辑
   B. 整体分解，按序列得出要素
   C. 信息交合，各轴的每个要素逐一进行交合
   D. 筛选原则，找出更好的方案

二、案例分析

由于经济形势不好，麦当劳公司某年第三季度的利润比上一年同期下降11%，这

是过去8个季度里的第7次下降。麦当劳的更大危机来自内部，顾客不断抱怨快餐店卫生状况不佳，员工的服务态度粗暴，所提供的食品缺乏口味，而且品种稀少。

面对这种困境，麦当劳总裁兼首席执行官吉姆·坎塔卢波（Jim Cantalupo）推出了麦当劳宣言，也叫"胜利计划"。其目的十分明确：为顾客提供更好、更快和更佳就餐环境的服务。对其前任杰克·格林伯格（Jack Greenburg）留下的各种"烂摊子"予以大刀阔斧的改革。叫停了格林伯格颇为得意的一项名为"创新计划"的工程，同时搁置了格林伯格另一项大胆的实验：正式就餐。这次变革有支持者，也有反对者，坎塔卢波在处理复杂问题时，善于坚持自己的主张。

通过缩短服务时间，发起声势浩大的新品牌宣传等措施，麦当劳迅速恢复了活力。第二年上半年，麦当劳的利润再次增长13%，达91亿美元，纯利润额更是比上一年同一时期增长38%，达11亿美元。随着利润的增长，大家慢慢接受了这样的改变。

根据以上案例，回答以下各题。

1. 麦当劳的这次变革属于（　　）变革。
   A. 激进式　　　　　　　　　　B. 无阻碍式
   C. 渐进式　　　　　　　　　　D. 内部原因引发式

2. 不属于麦当劳实施这次变革的特点的是（　　）。
   A. 转变性的　　B. 细微的　　C. 根本性的　　　D. 自上而下的

3. 引发麦当劳这次变革的原因是（　　）。
   A. 内部原因　　　　　　　　　B. 外部原因
   C. 技术因素　　　　　　　　　D. 内部原因和外部原因

4. 关于麦当劳这次变革的原因，说法错误的是（　　）。
   A. 经济形势不好，利润持续下降　　B. 食品口味缺乏，品种过少
   C. 顾客无理取闹　　　　　　　　　D. 员工服务态度不佳

5. 组织外部的变革看起来与组织无关，但如果不重视，也会带来毁灭性后果，这些外部因素不包括（　　）。
   A. 竞争因素　　B. 团队纷争因素　　C. 科技进步因素　　D. 全球化因素

扫描二维码，查看参考答案